LA FEMME QUI TREMBLE

UNE HISTOIRE DE MES NERFS

DU MÊME AUTEUR

LES YEUX BANDÉS, Actes Sud, 1993 ; Babel n° 196.

L'ENVOÛTEMENT DE LILY DAHL, Actes Sud, 1996 ; Babel n° 380.

YONDER, Actes Sud, 1999 ; Babel n° 774.

TOUT CE QUE J'AIMAIS, Actes Sud/Leméac, 2003 ; Babel n° 686.

LES MYSTÈRES DU RECTANGLE. ESSAIS SUR LA PEINTURE, Actes Sud, 2006.

ÉLÉGIE POUR UN AMÉRICAIN, Actes Sud/Leméac, 2008 ; Babel n° 1006.

PLAIDOYER POUR ÉROS, Actes Sud, 2009 ; Babel n° 1520.

LA FEMME QUI TREMBLE. UNE HISTOIRE DE MES NERFS, Actes Sud/Leméac, 2010.

UN ÉTÉ SANS LES HOMMES, Actes Sud/Leméac, 2011 ; Babel n° 1176.

AU PAYS DES MILLE ET UNE NUITS, photographies de Reza, Actes Sud, 2011.

VIVRE, PENSER, REGARDER, Actes Sud/Leméac, 2013 ; Babel n° 1295.

UN MONDE FLAMBOYANT, Actes Sud/Leméac, 2014 ; Babel n° 1393.

LES MIRAGES DE LA CERTITUDE, Actes Sud/Leméac, 2018.

Titre original :
The Shaking Woman
or A History of My Nerves
Éditeur original :
Henry Holt and Company, LLC, New York

ISBN 978-2-330-01447-6

SIRI HUSTVEDT

LA FEMME QUI TREMBLE

UNE HISTOIRE DE MES NERFS

essai traduit de l'anglais (États-Unis)
par Christine Le Bœuf

BABEL

Je sentis une déchirure dans ma tête –
Comme si mon cerveau s'était fendu –
Je tentai de la réparer – bord à bord –
Mais ne pus les faire correspondre.

EMILY DICKINSON

Quand mon père est mort, je me trouvais chez moi à Brooklyn mais, à peine quelques jours auparavant, j'étais assise à son chevet dans un établissement de soins, à Northfield, Minnesota. Tout faible qu'il fût physiquement, il avait conservé son acuité mentale et, à défaut de me souvenir du contenu de notre dernière conversation, je me rappelle que nous avons bavardé, et même ri. Ce que je revois clairement, en revanche, c'est la chambre où il a vécu à la fin de sa vie. Mes trois sœurs, ma mère et moi avions garni les murs de photographies et de petits tableaux encadrés, et acheté un couvre-lit vert pâle afin de donner à la chambre un aspect moins sévère. Mon père souffrait d'emphysème et nous savions qu'il n'en avait plus pour longtemps. Ma sœur Liv, qui vit dans le Minnesota, fut la seule de ses filles à assister à ses derniers instants. Son poumon s'était effondré pour la deuxième fois, et le médecin estimait qu'il ne survivrait pas à une nouvelle intervention. Pendant qu'il était encore conscient, mais incapable d'articuler, ma mère appela au téléphone ses trois filles new-yorkaises, l'une après l'autre, afin que nous puissions lui parler. Je me souviens nettement d'avoir pris le temps de réfléchir à ce que j'allais lui dire. J'avais l'idée bizarre que je ne pouvais pas prononcer de stupidité à un moment pareil, qu'il me fallait choisir mes mots avec soin. Je souhaitais dire quelque chose de mémorable – idée absurde, puisque la mémoire de mon père allait bientôt s'éteindre avec lui. Mais quand ma mère approcha le combiné de son oreille, tout ce dont je fus capable fut de balbutier les mots "je t'aime tellement". Plus tard, ma mère m'a raconté qu'en entendant ma voix, il avait souri.

Cette nuit-là, j'ai rêvé que j'étais auprès de lui et qu'il tendait les bras vers moi, que je me penchais vers lui pour qu'il m'embrasse et puis, avant qu'il ait pu m'étreindre, je me suis réveillée. Ma sœur Liv m'a appelée le lendemain matin pour me dire que notre père était mort. Tout de suite après cette conversation, je me suis levée du siège où j'étais assise, je suis montée à mon bureau et je me suis mise à rédiger son éloge funèbre. Mon père m'avait demandé de le faire. Plusieurs semaines auparavant, à la maison de santé, alors que j'étais assise auprès de lui, il avait énuméré "trois points" dont il souhaitait que je prenne note. Il n'avait pas dit : "Je voudrais que tu en parles dans le texte que tu écriras pour mes funérailles." Ce n'était pas nécessaire. Cela allait sans dire. Le moment venu, je n'ai pas pleuré. J'ai écrit. Aux funérailles, j'ai prononcé mon discours d'une voix ferme, sans larmes.

Deux ans et demi plus tard, j'ai de nouveau pris la parole en l'honneur de mon père. Revenue dans ma ville natale, dans le Minnesota, je me tenais debout sous l'azur d'un ciel de mai sur le campus de Saint-Olaf, juste à côté du vieux bâtiment qui abritait le département de norvégien, où mon père avait enseigné pendant près de quarante années. Le département avait planté un sapin à sa mémoire avec, à son pied, une petite plaque où l'on pouvait lire : Lloyd Hustvedt (1922-2004). Pendant que je rédigeais ce deuxième texte, j'avais eu la sensation très forte d'entendre la voix de mon père. Il écrivait d'excellentes allocutions, souvent très drôles et, tout en composant, j'imaginais avoir capturé dans mes phrases un peu de son humour. J'avais même utilisé l'expression "S'il avait été là aujourd'hui, mon père aurait pu dire…". Confiante et armée de fiches, je parcourus du regard la cinquantaine d'amis et collègues de mon père qui s'étaient assemblés autour du sapin de Norvège commémoratif, me lançai dans ma première phrase et fus prise de tremblements violents à partir du cou. Mes bras battaient l'air. Mes genoux s'entrechoquaient. Je tremblais, comme en proie à une attaque. Etrangement, ma voix n'en était pas affectée. Elle ne changeait pas du tout. Abasourdie par ce qui m'arrivait et terrifiée à l'idée de tomber, je parvins à garder mon équilibre et à continuer, en dépit du mouvement d'avant en arrière qui animait les fiches que je tenais entre les mains. Quand j'eus fini de parler, le tremblement s'arrêta. Je regardai mes jambes. Elles avaient pris une coloration rouge foncé, tirant sur le bleu.

Ma mère et mes sœurs étaient stupéfaites de la mystérieuse transformation physique qui s'était produite en moi. Elles m'avaient bien souvent vue parler en public, parfois devant des centaines de personnes. Liv raconta qu'elle avait eu envie de venir m'entourer de ses bras pour me soutenir. Ma mère dit qu'elle avait eu l'impression d'assister à une électrocution. Il semblait que quelque force inconnue eût soudain pris possession de mon corps et décidé que j'avais besoin d'une secousse sérieuse et prolongée. Une fois, déjà, pendant l'été 1982, j'avais éprouvé cette sensation d'une puissance supérieure qui s'emparait de moi et me secouait comme une poupée de son. Dans une galerie d'art, à Paris, j'avais tout à coup senti mon bras gauche se dresser en l'air et me plaquer dos au mur. L'épisode entier n'avait pas excédé quelques secondes. Peu après, je m'étais sentie euphorique, emplie d'une joie surnaturelle, et puis vint la violente migraine qui dura presque une année, une année sous Fiorinal, Indéral, Cafergot, Elavil, Tofranil et Mellaril, et tout un cocktail de somnifères que je prenais dans le cabinet du médecin avec l'espoir de me réveiller délivrée. Je n'eus pas cette chance. Finalement, ce même neurologue m'envoya à l'hôpital et me mit sous Thorazine, une drogue antipsychotique. Ces huit jours de stupeur passés dans le service de neurologie auprès d'une compagne de chambre âgée mais d'une étonnante agilité, victime d'une attaque, qu'on attachait chaque soir dans son lit à l'aide d'un jeu d'entraves qualifié du joli nom de "bouquet" et qui, chaque soir, bravait les infirmières en se libérant de ses liens pour s'enfuir dans les couloirs, ces jours étranges, drogués, ponctués de visites de jeunes gens en blouse blanche qui me présentaient des crayons afin que je les identifie, me demandaient quel jour on était, et quelle année, et comment s'appelait le président, me piquaient avec de petites aiguilles – sentez-vous ceci ? – et, rarement, d'un signe de la main adressé de la porte par le Tsar du Mal de Tête en personne, le Dr C., un homme qui m'ignorait la plupart du temps et paraissait irrité que je ne coopère pas, ne guérisse pas, demeurent dans ma mémoire comme un temps de comédie noire, la plus noire qui fût. Personne ne savait vraiment ce que j'avais. Mon médecin avait donné un nom à mon mal – *syndrome migraineux vasculaire* – mais la raison pour laquelle j'étais devenue un ÉNORME mal de tête vomissant, malheureux, écrasé, effrayé, un Humpty Dumpty après sa chute, nul ne pouvait la dire.

Mes voyages dans les univers de la neurologie, de la psychiatrie et de la psychanalyse ont commencé bien avant mon temps au Mount Sinai Medical Center. Je souffre de migraines depuis l'enfance et il y a longtemps que ma tête douloureuse, mes sensations de divine exaltation, mes scintillements et mes trous noirs, ainsi que mon unique hallucination visuelle : un homme et un bœuf roses minuscules sur le plancher de ma chambre, ont éveillé ma curiosité. Il y avait des années que je lisais des études consacrées à ces mystères, bien avant ma crise de tremblements, cet après-midi-là, à Northfield. Mes investigations ne firent que s'intensifier lorsque je décidai d'écrire un roman dans lequel il me faudrait donner la parole à un psychiatre et psychanalyste, un homme que j'en suis venue à considérer comme mon frère imaginaire, Erik Davidsen. Elevé dans le Minnesota par des parents très semblables aux miens, il était ce garçon qui n'est jamais né dans la famille Hustvedt. Pour être Erik, je me lançai dans les circonvolutions du diagnostic psychiatrique et des innombrables troubles mentaux dont sont affligés les humains. J'étudiai la pharmacologie et me familiarisai avec les diverses espèces de substances médicamenteuses. Je fis l'acquisition d'un livre où figure un échantillonnage de tests destinés aux commissions psychiatriques de l'Etat de New York et m'entraînai à les passer. Je lus d'autres ouvrages sur la psychanalyse ainsi que d'innombrables descriptions de maladies mentales. Je m'aperçus que les neurosciences me fascinaient, assistai à l'une des conférences mensuelles sur les sciences du cerveau à l'Institut psychanalytique de New York et fus invitée à devenir membre d'un groupe de discussion consacré à une nouvelle discipline : la neuropsychanalyse.

Au sein de ce groupe, des neuroscientifiques, des neurologues, des psychiatres et des psychanalystes recherchaient un terrain commun susceptible de combiner les intuitions de l'analyse avec les plus récentes recherches dans le domaine du cerveau. Je m'achetai un cerveau en caoutchouc, me familiarisai avec ses multiples parties, écoutai intensément et lus plus encore. En vérité, je lisais de manière obsessionnelle, mon mari me l'a souvent répété. Il a même suggéré que je lis avec une voracité qui évoque une dépendance. Je me suis alors engagée en tant que volontaire à la clinique psychiatrique Payne Whitney et j'ai commencé à y animer pour les patients un atelier d'écriture hebdomadaire. A l'hôpital, je suis entrée dans une relation de proximité avec des individus atteints de maladies complexes qui, parfois, ne ressemblaient guère aux descriptions cataloguées dans le manuel diagnostique et statistique des troubles mentaux (*Diagnostic and Statistical Manual of Mental Disorders* – généralement appelé le *DSM*). Lorsque j'ai été saisie de tremblements devant l'arbre de mon père, je baignais depuis des années dans le monde du cerveau et de l'esprit. Ma curiosité initiale à l'égard des mystères de mon propre système nerveux s'était muée en passion impérieuse. La curiosité intellectuelle concernant un mal dont on souffre est certainement issue d'un désir de maîtriser celui-ci. Si je ne pouvais pas me guérir, peut-être pourrais-je au moins commencer à me comprendre.

Il y a dans toute maladie quelque chose qui semble venu d'ailleurs, l'impression d'une invasion et d'une perte de contrôle, évidente dans notre façon d'en parler. Nul ne dit "je suis cancer", ni même “je suis cancéreux”, en dépit du fait qu’il n’y a pas intrusion d’un virus ni d’une bactérie ; ce sont les cellules mêmes du corps qui sont prises de folie. On *a* le cancer. Les maladies neurologiques et psychiatriques sont différentes, néanmoins, parce qu’elles affectent souvent la source même de l’idée qu’on se fait de soi. “C’est un épileptique” ne nous paraît pas étrange. En clinique psychiatrique, les patients disent fréquemment “eh bien, voyez-vous, je suis bipolaire” ou “je suis schizophrène”. Dans de telles phrases, l’identification de la maladie et du moi est complète. Or, la femme saisie de tremblements me donnait l’impression, en même temps, d’être et de ne pas être moi. Du menton au sommet du crâne, j’étais moi, telle que je me connaissais. De mon cou à mes pieds, j’étais une inconnue grelottante. Quoi qu’il me soit arrivé, quelque nom qu’on veuille donner à mon affection, mon étrange crise devait comporter une composante émotionnelle en rapport, d’une façon ou d’une autre, avec mon père. Le problème était que je ne m’étais pas *sentie* émotive. Je m’étais sentie tout à fait calme et raisonnable. Il semblait que quelque chose, en moi, se soit terriblement déréglé, mais quoi, exactement ? Je décidai de partir à la recherche de la femme qui tremble.

Il y a des siècles que les médecins s’interrogent au sujet de convulsions telles que les miennes. De nombreuses maladies peuvent provoquer des tremblements, mais il n’est pas toujours facile de les distinguer les unes des autres. Depuis Hippocrate, établir un diagnostic a toujours consisté à rassembler sous une seule dénomination un ensemble de symptômes. L'épilepsie est la plus célèbre de toutes les pathologies comportant des tremblements. Si j'avais été une patiente du grec Galien, médecin de l'empereur Marc Aurèle et dont les écrits abondants ont influencé l'histoire médicale pendant des siècles, il aurait diagnostiqué chez moi une maladie convulsive, mais il aurait écarté l'épilepsie. Pour Galien, l'épilepsie ne provoquait pas seulement des convulsions du corps entier, mais aussi l'interruption des "fonctions majeures" : la conscience et la parole[1]. Bien qu'existât chez les Grecs une croyance populaire en la capacité que possédaient les dieux et les esprits de provoquer des tremblements, la plupart des médecins considéraient le phénomène d'un point de vue naturaliste et ce n'est qu'à l'avènement du christianisme que tremblements et surnaturel furent liés dans une déconcertante intimité. La nature, Dieu ou le diable pouvant tourmenter les corps, les experts médicaux s'efforçaient à grand-peine d'établir des distinctions entre les causes. Comment faire la part entre l'action de la nature et une intervention divine ou une possession démoniaque ? Les souffrances et les pertes de conscience paroxystiques de sainte Thérèse d'Avila, ses visions et ses transports étaient des envols vers Dieu, mais les femmes de Salem qui tremblaient et se convulsaient étaient victimes de sorcières. Dans *A Modest Inquiry into the Nature of Witchcraft (Une modeste enquête sur la nature de la sorcellerie)*, John Hale décrit les crises des enfants victimes de tels tourments, ajoutant pertinemment que leurs extrêmes souffrances dépassaient “ce que n’importe quelle crise épileptique ou affection naturelle a le pouvoir de provoquer[2]”. Si mon épisode de tremblements s’était produit à l’époque démente des sorcières de Salem, il aurait pu avoir des conséquences pénibles. J’aurais assurément eu l’air d’une possédée. Mais, surtout, si j’avais été imprégnée des convictions religieuses de l’époque, ce qui eût très vraisemblablement été le cas, la sensation étrange qu’une force extérieure avait pénétré dans mon corps pour y susciter ce tremblement aurait sans doute suffi à me convaincre que j’étais en effet victime de sorcellerie.

A New York, en 2006, aucun médecin sain d’esprit ne m’aurait envoyée chez un exorciste, et pourtant l’incertitude est courante en matière de diagnostic. L’angle sous lequel on considère la pathologie convulsive a beau avoir changé, comprendre ce qui m’était arrivé ne serait pas, néanmoins, chose simple. J’aurais pu consulter un neurologue afin de savoir si j’avais fait une crise d’épilepsie, mais mon expérience antérieure, au Mount Sinai Hospital, m’avait rendue méfiante à l’égard des médecins chargés d’examiner le système nerveux. Je savais que, pour être reconnue comme épileptique, je devais avoir fait au moins *deux* crises. Je pensais en avoir fait une authentique avant mon intraitable migraine. La deuxième me paraissait suspecte. Un tremblement incontrôlable peut se produire dans certaines crises, mais mon tremblement affectait les deux côtés de mon corps – et j'avais *parlé* d'un bout à l'autre de la crise. Combien de personnes *parlent* au cours d'une crise d'épilepsie ? En outre, je n'avais pas eu d'aura, rien qui pût m'avertir qu'un événement neurologique se préparait, comme c'est souvent le cas avant mes migraines, et la chose s'était produite et avait disparu avec l'allocution prononcée en hommage à mon père défunt. En raison de mes antécédents, je savais qu'un neurologue consciencieux me prescrirait un EEG, un encéphalogramme. Il allait me falloir rester assise pendant un bon moment avec des électrodes gluantes plaquées sur le crâne, et je devinais que le médecin ne trouverait rien. Bien entendu, de nombreuses personnes souffrent de crises qui ne sont pas détectées par les examens standard, et le médecin devrait donc en faire d'autres. A moins que je ne continue à trembler, on pouvait ne jamais parvenir à un diagnostic. Je pouvais continuer à flotter dans les limbes d'un mal inconnu.

Il y avait quelque temps que je tentais de comprendre mes tremblements quand une réponse possible s'annonça. Loin d'être progressive, elle m'apparut tout d'un coup, telle une épiphanie. Assise à ma place habituelle, j'assistais à la conférence mensuelle de neurosciences, et je me rappelai une brève conversation que j'avais eue avec une psychiatre assise derrière moi lors d'une causerie antérieure. Je lui avais demandé où elle travaillait et ce qu'elle faisait, et elle m'avait raconté qu'elle exerçait dans un hôpital où elle voyait principalement des cas de "conversion". "Les neurologues ne savent pas quoi faire d'eux, m'avait-elle dit, alors ils me les envoient." *Ce pourrait être ça !* pensai-je. Ma crise avait été de nature *hystérique*. Ce terme ancien a été pratiquement abandonné dans le discours médical actuel et remplacé par celui de *trouble de conversion* mais sous le terme nouveau demeure l'ancien, qui le hante, tel un fantôme.

Presque chaque fois que le mot *hystérie* est utilisé de nos jours dans des journaux ou des magazines, l'auteur rappelle que sa racine vient du grec désignant l'utérus. Cette origine qui l'identifie à un problème purement féminin lié aux organes reproducteurs sert à avertir le lecteur que le mot lui-même reflète une ancienne prévention à l'égard des femmes, mais son histoire ne peut être expliquée par la seule misogynie. Galien pensait que l'hystérie était une maladie dont étaient atteintes les femmes célibataires et veuves privées de relations sexuelles mais qu'il ne s'agissait pas de folie car elle ne s'accompagnait pas nécessairement de dommages psychologiques. Les médecins d'autrefois étaient bien conscients de la ressemblance qui pouvait exister entre crises épileptiques et crises hystériques, et de la nécessité qui s'imposait de faire la distinction entre les deux. A vrai dire, la confusion n'a jamais disparu. Au XVe siècle, le médecin Antonius Guainerius croyait que des vapeurs s'élevant de l'utérus étaient responsables de l'hystérie et que l'on pouvait distinguer celle-ci de l'épilepsie parce que la personne atteinte d'hystérie se rappelait tout ce qui s'était passé durant sa crise[3]. Au XVIIe siècle, le grand médecin anglais Thomas Willis écarta cette hypothèse incriminant l'utérus et localisa dans le cerveau le siège de l'hystérie comme celui de l'épilepsie. Mais la pensée de Willis ne fit pas autorité. Il y eut ceux qui croyaient que les deux étaient simplement des formes différentes d'un même mal. Le médecin suisse Samuel Auguste David Tissot (1728-1797), qui demeure dans l'histoire médicale principalement pour son traité largement diffusé sur les dangers de la masturbation, maintenait que les deux maladies étaient distinctes, en dépit de l'existence d'épilepsies s'originant dans l'utérus[4]. De l'antiquité au XVIIIe siècle, l'hystérie fut considérée comme une maladie convulsive dont l'origine se situait quelque part dans le corps – dans l'utérus, le cerveau ou un membre – et les gens qui en souffraient n'étaient pas tenus pour fous. On peut affirmer sans risque que si l'un ou l'autre des médecins mentionnés ci-dessus avait été témoin de mon discours convulsif, il eût posé un diagnostic d'hystérie. Mes fonctions supérieures n'avaient pas été interrompues ; je me souvenais de tout ce qui concernait ma crise ; et, bien sûr, j'étais une femme, dotée d'un utérus potentiellement vaporeux ou déréglé.

Il est intéressant de se demander quand l'hystérie est devenue une maladie associée exclusivement au mental. Dans le langage courant, on utilise le mot *hystérie* pour désigner une excitabilité ou une émotivité excessive. Il évoque une personne qui hurle et ne peut se contrôler, généralement une femme. Quelle que fût la nature de ce qui affectait mes bras, mes jambes et mon buste, mon esprit fonctionnait parfaitement, et je parlais calmement. Je n'étais pas hystérique en ce sens. Aujourd'hui, la conversion est classifiée en tant que trouble psychiatrique, et non pas neurologique, ce qui explique pourquoi nous l'associons aux problèmes mentaux. Le DSM, actuellement dans sa quatrième édition, range la conversion parmi les troubles *somatoformes* – troubles du corps et des sensations physiques[5]. Au cours des quarante dernières années, toutefois, le terme désignant la maladie et la classification de celle-ci ont changé plusieurs fois. Dans le premier DSM (1952), elle était appelée *réaction de conversion*. Le DSM-II (1968) la rangeait parmi les troubles de *dissociation* et l'identifiait sous les termes de *névrose hystérique*, de type *conversion*. En 1968, les auteurs se montrèrent apparemment soucieux de réaffirmer les racines du mal en réintroduisant le mot *hystérie*. *Dissociation* est un terme très général utilisé de diverses manières afin d'indiquer une forme quelconque de distanciation par rapport au moi ordinaire ou de rupture de son unité. Par exemple, lorsqu'un individu vit une expérience extérieure au corps, on dit qu'il est dans un état de dissociation ; une personne affligée de l'impression qu'elle ou le monde ne sont pas réels serait également qualifiée de dissociée. A l'époque de la parution du DSM-III (1980), le mot *hystérique* avait disparu et le terme avait été remplacé par *trouble de conversion*, un problème somatoforme, qui demeura inchangé dans le DSM-IV. Le manuel actuel de l'Organisation mondiale de la santé, l'*ICD-10* (1992), en diffère toutefois. On y parle de *trouble dissociatif (conversion)*. Si tout cela paraît confus, c'est que ce l'est en effet. Les auteurs de textes concernant le diagnostic psychiatrique n'ont manifestement pas trop su ce qu'il convenait de faire de l'hystérie.

Il existe toutefois certains points sur lesquels l'accord est général. Les symptômes de conversion imitent souvent des symptômes neurologiques : paralysies, crises d'épilepsie, difficulté à marcher, à avaler ou à parler, cécité et surdité. Mais si un neurologue les examine, il ne pourra rien trouver qui soit normalement susceptible de causer ces problèmes. Donc, par exemple, s'il s'était trouvé que quelque neurologue de passage me fasse un EEG pendant que je tremblais devant l'arbre, l'examen, à défaut de convulsions hystériques, aurait peut-être révélé la présence de tremblements d'ordre épileptique. En même temps, les hystériques ne sont pas des simulateurs. Ils ne peuvent rien contre ce qui leur arrive et ne feignent pas leur maladie. Il arrive en outre, et c'est souvent le cas, que les symptômes se résorbent spontanément. La grande mise en garde, telle que la formulent les auteurs du DSM, c'est que "la prudence est indispensable[6]". En d'autres termes, si je m'étais rendue chez un psychiatre, il aurait dû faire preuve de prudence à mon endroit. J'aurais pu avoir, dissimulée sous mes symptômes, une maladie neurologique non identifiée que n'aurait révélée aucun examen. Il eût fallu qu'il ait, avant de poser son diagnostic, la certitude que mes tremblements étaient trop étranges pour relever de l'épilepsie. Et le problème existe dans les deux sens. Carl Basil, pharmacologiste à l'université de Columbia, rapporte le cas d'un patient qui avait vu son lieu de travail détruit par un incendie "et devint soudain paralysé du côté droit comme après une attaque[7]". En réalité, l'homme avait fait une "réaction de conversion", laquelle disparut en même temps que son état de choc. La question se complique encore du fait que les personnes qui souffrent d'épilepsie sont beaucoup plus susceptibles que les autres d'avoir des crises hystériques. J'ai lu un article dont les auteurs déclarent qu'entre dix et soixante pour cent des personnes qui font des crises psychogènes non épileptiques (*psychogenic nonepileptic seizures* : PNES) sont atteintes d'épilepsie comorbide[8]. La question a toujours été : Une femme tremble. Pourquoi ?

Pendant des années, à la fin du XXe siècle, les médecins ont usé avec allégresse de l'expression *sans cause organique*. L'hystérie était une maladie psychologique dépourvue de cause *organique*. Des gens se retrouvaient paralysés, aveugles, frappés de convulsions sans la moindre cause organique ? Comment cela se pouvait-il ? Sauf à croire que des fantômes, des esprits ou des démons fondaient du ciel ou de l'enfer afin de prendre le contrôle du corps de quelqu'un, comment pouvait-on soutenir qu'il ne s'agissait pas d'un phénomène *organique*, *physique* ? Même le *DSM* actuellement en vigueur admet le problème lorsqu'il déclare que la différence entre mental et physique relève de l'"anachronisme réducteur du dualisme esprit/corps[9]". Cette division perdure chez nous en Occident depuis Platon. L'idée que nous ne sommes pas faits d'une seule substance, mais de deux, que l'esprit n'est pas matière reste une composante de la pensée de nombreux individus dans le monde entier. Certes, l'expérience que je fais de la vie dans ma propre tête a quelque chose de magique. Comment est-ce que je vois, ressens et pense, et qu'est-ce au juste que mon esprit ? Mon esprit est-il la même chose que mon cerveau ? Comment l'expérience humaine peut-elle s'originer dans une matière blanche et grise ? Qu'est-ce qui est organique, qu'est-ce qui est anorganique ?

L'année dernière, j'ai entendu à la radio un homme qui parlait de sa vie avec son fils schizophrène. A l'instar de nombreux patients, son fils avait de la difficulté à respecter l'obligation de prendre ses remèdes. Après avoir été hospitalisé, il rentrait chez lui, arrêtait le médicament qu'on lui avait prescrit et faisait une rechute. C'est une histoire que j'ai entendue souvent de la part des patients auxquels j'enseigne à l'hôpital mais, pour chaque personne, les raisons d'abandonner la médication sont différentes. Un patient avait affreusement grossi à cause d'un antipsychotique, ce qui le rendait malheureux ; un autre se sentait mort audedans de lui ; une autre était furieuse contre sa mère et avait arrêté pour la contrarier. Le père, à la radio, répétait avec insistance que "la schizophrénie est une *maladie organique du cerveau*". Je comprenais pourquoi il insistait là-dessus. Nul doute que le médecin de son fils lui avait dit cela ou qu'il avait lu des articles consacrés à la maladie qui en parlaient en ces termes, et que ça le rassurait, en lui donnant le sentiment qu'en tant que père il n'était pas responsable de la maladie de son fils, que l'environnement du garçon n'avait joué aucun rôle. On élucidera peut-être un jour le mystère génétique de la schizophrénie mais, jusqu'à présent, il n'est pas résolu. Dans le cas de jumeaux identiques, si l'un souffre de la maladie, il y a cinquante pour cent de chances que l'autre en fasse autant. C'est beaucoup, mais ce n'est pas déterminant. Il doit y avoir d'autres facteurs à l'œuvre, des facteurs environnementaux, qui peuvent aller, indifféremment, des poisons dans l'atmosphère à la négligence parentale. Trop souvent, on préfère les réponses faciles. Dans le climat culturel actuel, *maladie organique du cerveau* sonne de façon rassurante. Mon fils n'est pas fou ; il a un problème au cerveau.

Mais il n'existe pas de voie rapide pour sortir du piège psyché/soma. Peter Rudnytsky, un éminent spécialiste de la psychanalyse, examine le cas d'Otto Rank, un psychanalyste de l'entourage de Freud, qui souffrait vraisemblablement de psychose maniaco-dépressive. Il observe que, parce que la psychose maniacodépressive est à présent connue comme une maladie "organique", les fluctuations de l'humeur de Rank ne peuvent être interprétées comme un défaut de son "caractère[10]". La maladie maniacodépressive, également appelée trouble bipolaire, est un mal de famille et le facteur génétique semble y jouer un rôle bien plus considérable que dans la schizophrénie. Et pourtant Rudnytsky laisse entendre qu'il existe des états anorganiques imputables à des défauts de caractère. Voilà qui soulève une question : qu'est-ce que le caractère ? Le caractère n'est-il pas la somme des parties qui nous composent, et celles-ci ne sont-elles pas organiques ? Et, si tel n'est pas le cas, comment identifier psychique et somatique ?

Le problème, c'est que l'expression *maladie organique du cerveau* ne signifie pas grand-chose. Il n'y a, dans le tissu cervical des schizophrènes ou des maniacodépressifs, ni lésions ni trous, aucun virus ne ronge leur cortex. Il se produit dans l'activité du cerveau des modifications que l'on peut détecter grâce à la nouvelle technologie de la scanographie. Mais des modifications affectent aussi le cerveau lorsque nous sommes tristes, ou heureux, ou quand nous éprouvons du désir. Tous ces états humains sont d'ordre physique. Et qu'est-ce, au juste, qu'une maladie ? Dans le dictionnaire psychiatrique de Campbell, j'ai trouvé cette observation extraite de *Philosophy in Medicine*, de Culver et Gert : "Maladie et affection sont très proches, mais une maladie est par essence plus tenace qu'une simple affection[11]." En d'autres termes, une maladie a plus de présence, plus d'existence qu'une affection. Il y a peu de temps, une de mes amies m'a montré un livre intitulé *Living Well with Migraine Disease and Headaches (Bien vivre avec la maladie migraineuse et les maux de tête)*. Je fus stupéfaite. Jusqu'alors, dans mes expéditions d'un neurologue à l'autre, la migraine n'était jamais qualifiée de maladie. Manifestement, elle avait acquis là un nouveau statut, avait atteint, depuis 1982, à une existence plus *tenace*. A la différence de la schizophrénie et de la maladie maniacodépressive, la conversion est-elle un phénomène psychique ? Y a-t-il une différence entre psyché et cerveau ?

Sigmund Freud fut le premier à utiliser le mot *conversion* dans le livre qu'il publia avec Josef Breuer, *Etudes sur l'hystérie* (1893) : "[...] nous désignons brièvement par le mot *conversion* la transformation d'une excitation psychique en symptôme somatique durable, tel que celui qui caractérise l'hystérie[12]." Qu'entendait-il par là ? Considérait-il l'excitation psychologique comme une entité non biologique ? Freud était un homme immergé dans la philosophie et la science de son époque. Etudiant, il avait suivi, outre ses études de médecine, des cours de philosophie et de zoologie. En été 1876, il avait reçu une bourse lui permettant de travailler à la Station zoologique expérimentale de Trieste, où il avait passé son temps à disséquer des anguilles afin d'étudier leur structure histologique et de découvrir des testicules que nul n'était jamais parvenu à trouver. Il semble que la structure gonadique des anguilles ait intrigué les chercheurs depuis Aristote. Si les résultats de Freud ne furent pas concluants, la recherche qu'il mena constitua une étape dans le parcours qui finirait par aboutir à une réponse à la question. Après trois années de médecine, il fit le choix de la neurologie comme discipline principale et passa six ans à étudier les cellules nerveuses dans le laboratoire de physiologie d'Ernst Wilhelm von Brücke. Son intérêt se concentrait sur les constituants visibles du système nerveux. La première publication de Freud fut *Contribution à la conception des aphasies, étude critique*. Le mot *aphasie* – qui dérive du grec "privé de parole" – s'applique à certains problèmes de langage chez des patients dont le cerveau est endommagé. Tous les aspects du langage peuvent être affectés. Certains patients comprennent les mots mais sont incapables de les produire. D'autres ne comprennent pas ce qu'on leur dit ou sont incapables d'enregistrer des phrases entières. D'autres encore savent ce qu'ils veulent dire mais n'arrivent pas à retrouver les phonèmes nécessaires pour l'exprimer. Bien que Freud ne fît pas l'objet d'une grande attention à l'époque, beaucoup des idées présentées dans cet ouvrage demeurent valables. Il soutenait que, même si les processus cérébraux pouvaient être localisés – certaines parties du cerveau étant responsables de différents comportements humains, tel le langage –, ils n'étaient pas statiques mais constituaient des voies dynamiques se déplaçant dans le cerveau. Il est incontestable que cela est vrai. La position de Freud quant à la connexion entre l'esprit et la matière était subtile. Il n'était ni réductionniste ni dualiste : "Le psychique est, par conséquent, un processus parallèle de l'aspect physiologique, une administration concomitante à charge[13]." Il resta toute sa vie un matérialiste. Il n'avait que faire de nébuleuses notions d'âmes, d'esprits ou de psychés distincts des processus physiques. Les uns dépendaient des autres. En même temps, à l'instar de Kant, il ne croyait pas qu'il fût possible de connaître les choses-en-soi. Notre accès au monde ne s'établit qu'à travers les perceptions que nous en avons, soutenait-il. Et pourtant je ne cesse de rencontrer des gens qui traitent Freud presque comme s'il avait été un mystique, un homme aux idées déconnectées des réalités matérielles, une sorte de monstrueux mirage qui a fait dérailler la modernité en faisant avaler toutes sortes d'absurdités à un public crédule et dont la pensée a fini par être remise en question par une nouvelle psychiatrie scientifique fondée sur les miracles de la pharmacologie. Comment un homme de science a-t-il pu acquérir une telle réputation ?

Peu de temps après avoir publié avec Breuer *Etudes sur l'hystérie,* Freud se lança dans ce qui fut appelé par la suite son *Projet de psychologie scientifique*, tentative de rattacher ses intuitions concernant le fonctionnement du cerveau à ses connaissances en neurologie et de créer un modèle biologique fondé sur la matière même du cerveau – les neurones. Après une période d'écriture fiévreuse, il se rendit compte qu'on n'en savait pas assez sur les processus nerveux pour réaliser une telle carte, et il mit de côté son *Projet.* C'est alors que le père de la psychanalyse prit son orientation décisive vers une explication purement psychologique du mental, même s'il ne devait jamais abandonner l'idée qu'un jour, dans l'avenir, les savant sauraient donner un fondement à ses idées relatives aux fonctions véritables du cerveau. Dans son histoire de la psychanalyse, *Revolution in Mind*, George Makari propose une appréciation piquante du problème auquel étaient confrontés Freud et de nombreux autres dans les domaines de la neurologie, de la psychologie et de la biophysique : "Il eût été impossible d'affirmer sans embarras qu'un nerf hébergeait un mot ou une pensée[14]." Freud avait des idées sur la façon dont fonctionnait cette connexion, mais il ne pouvait apporter le commencement d'une preuve de leur justesse.

Disons qu'après que ma visite imaginaire au neurologue n'eut rien révélé d'intéressant, je décidai de m'adresser à un psychanalyste. Bien que la psychiatrie américaine ait été à une époque très influencée par la psychanalyse, l'écart entre les deux disciplines s'est considérablement creusé, surtout depuis les années 1970. De nombreux psychiatres n'ont qu'une connaissance sommaire, voire inexistante de la psychanalyse, dont la place dans la culture a été de plus en plus marginalisée. Un grand nombre de psychiatres américains laissent désormais la parole aux assistants sociaux et se bornent à rédiger des ordonnances. La pharmacologie est souveraine. Néanmoins, il existe encore dans le monde beaucoup de psychanalystes en exercice et c'est une discipline qui me fascine depuis que j'ai découvert Freud, à l'âge de seize ans. Je n'ai jamais été en analyse mais, à différents moments de ma vie, je me suis demandé si je ne deviendrais pas psychanalyste, ce qui eût impliqué que je me fasse analyser. J'ai suivi une psychothérapie, une fois, brièvement, et cela m'a beaucoup aidée mais j'ai fini par comprendre que quelque chose en moi redoute l'analyse. C'est une crainte difficile à décrire parce que je ne sais pas bien d'où elle vient. J'ai la vague intuition qu'il y a des recoins cachés de ma personnalité où je n'ai pas envie de pénétrer. Peut être s'agit-il de cette partie de moi qui a tremblé. L'intimité du dialogue entre l'analyste et son patient me paraît également assez effrayante. Franchement, je trouve terrifiante l'idée de dire *tout* ce qui me passe par la tête. Mon analyste imaginaire est un homme. J'ai choisi un homme parce qu'il représenterait une figure paternelle, un écho de mon père, lequel est le fantôme impliqué d'une manière ou d'une autre dans ma crise de tremblements.

Après avoir écouté mon histoire, mon analyste souhaiterait certainement en savoir plus sur la mort de mon père et sur la nature de mes relations avec lui. Il allait être aussi question de ma mère et, à coup sûr, de mon mari, de ma fille, de mes sœurs et de tous ceux qui comptent pour moi. Nous allions parler en espérant l'un et l'autre découvrir, grâce à cet échange, pourquoi le fait de prononcer un petit discours devant un sapin avait fait de moi une épave grelottante. De toute évidence, il faut en convenir, mon problème n'était pas de parler. Même en pleine crise, j'avais parlé avec aisance. Ma pathologie résidait ailleurs, en dessous ou à côté du langage, en fonction de la métaphore spatiale. Il se pouvait que le terme psychanalytique désignant ma difficulté fût *refoulement*. J'avais refoulé quelque chose, qui avait alors jailli de mon inconscient sous la forme d'un symptôme hystérique. En vérité, mon cas paraîtrait classique à un analyste freudien. Je dirais, bien entendu, à mon analyste fantôme que j'avais consulté un neurologue et que je n'étais pas épileptique et, dès lors, il ne passerait guère de temps à s'inquiéter de mon *cerveau*. Bien que Freud eût été fasciné par les neurones, mon analyste les oublierait, préférant m'aider à creuser plus profond dans mon histoire, et à nous deux nous trouverions une façon nouvelle de la raconter afin de traiter mon symptôme. En voie de guérison, je deviendrais amoureuse de mon analyste. Je ferais un transfert. Par le biais de cet amour, qui pourrait également se transformer en haine, en indifférence ou en peur, je reporterais sur lui les sentiments que j'éprouvais ou que j'éprouve pour mon père, ma mère ou mes sœurs et lui, à son tour, effectuerait un contre-transfert influencé par sa propre histoire personnelle. Nous nous trouverions sous l'emprise d'idées ainsi que d'émotions. A la fin – en principe, il doit y avoir une fin – nous obtiendrions une histoire de ma pseudo-crise, et je serais guérie. Tel est, du moins, le récit idéal d'une analyse, qui est une façon bien particulière de raconter une histoire. Freud en personne a observé l'étrangeté de l'entreprise dans ses *Etudes sur l'hystérie* :

> Comme d'autres neurologues, je fus habitué à m'en référer aux diagnostics locaux et à établir des pronostics en me servant de l'électrothérapie, c'est pourquoi je m'étonne moi-même de constater que mes observations de malades se lisent comme des romans et qu'elles ne portent pour ainsi dire pas ce cachet sérieux, propre aux écrits des savants. Je m'en console en me disant que cet état de choses est évidemment attribuable à la nature même du sujet traité et non à mon choix personnel. Le diagnostic par localisation, les réactions électriques importent peu lorsqu'il s'agit d'étudier l'hystérie, tandis qu'un exposé détaillé des processus psychiques, comme celui que l'on a coutume de trouver chez les romanciers, me permet, en n'employant qu'un petit nombre de formules psychologiques, d'acquérir quelques notions du déroulement d'une hystérie[15].

En tant qu'homme de science, Freud éprouvait un certain malaise à l'idée d'apparaître comme un auteur de fiction. Avec le temps, ses réflexions sur l'appareil psychique allaient à la fois se modifier et évoluer, mais il ne réussirait jamais à ancrer ses théories dans ce système nerveux dont il savait que ces processus étaient originaires. L'aphasie était une affection dont le fondement physiologique était identifié. La dégradation de certaines zones du cerveau entraînait des problèmes de langage. Lorsque Freud écrivait sur l'aphasie, deux savants, le français Paul Broca et l'allemand Carl Wernicke, avaient déjà accompli leur travail d'avant-garde et localisé dans l'hémisphère gauche du cerveau les centres du langage. L'hystérie, toutefois, était une affection dans laquelle il n'existait pas de lésion du cerveau. Le travail de l'éminent neurologue Jean Martin Charcot, que Freud connut et traduisit, avec qui il étudia et qui eut sur lui une profonde influence, le démontre clairement. A l'hôpital de la Salpêtrière, à Paris, Charcot s'efforça, comme de nombreux médecins avant lui, de distinguer les crises d'épilepsie de ce qu'il appelait "hystéro-épilepsie". Parce que certaines épilepsies authentiques peuvent également se produire en l'absence de lésion cérébrale, Charcot dut procéder à l'analyse clinique de la différence entre les deux pathologies en recourant à une observation attentive de ses patients. Il rangea des affections qui, comme l'hystérie, n'ont pas pour cause des lésions anatomiques dans la catégorie des "névroses". Il considérait l'hystérie comme une *maladie organique* des nerfs, soutenait qu'elle avait un fondement héréditaire et affirmait qu'elle n'affectait pas uniquement des femmes. Les hommes aussi pouvaient être hystériques.

Charcot se prit d'intérêt pour la dimension psychologique de l'hystérie lorsqu'il remarqua qu'on pouvait lier à ses symptômes une peur intense ou une forte émotion. Dans de tels cas, pensait Charcot, le choc provoquait chez le patient un phénomène d'autosuggestion, une forme d'autohypnose qui demeurait extérieure à sa conscience. Ainsi, l'un des patients du neurologue, qui avait porté sur lui un diagnostic d'hystérie traumatique masculine, était un forgeron qui avait eu la main et l'avant-bras brûlés et, plusieurs semaines plus tard, avait souffert de contractures dans les parties du corps concernées. Selon la théorie de Charcot, un traumatisme pouvait engendrer une idée dont l'action sur le système nerveux déjà vulnérable de la personne provoquait le symptôme : crise, paralysie, incapacité de marcher, d'entendre ou de voir, fugues ou somnambulisme. En outre, un médecin pouvait déclencher le même symptôme en hypnotisant le patient et en lui suggérant qu'il avait la main paralysée. Autosuggestion et suggestion hypnotique activaient les mêmes zones physiologiques et constituaient donc deux formes d'un même processus. Pour Charcot, le seul fait qu'on pût hypnotiser quelqu'un prouvait qu'il ou elle était hystérique. En dépit de son intérêt pour le traumatisme, Charcot demeura attaché à une explication physiologique de l'hystérie[16].

Un jeune collègue de Charcot, Pierre Janet, philosophe et neurologue, alla plus loin que son mentor dans son exploration des aspects psychologiques de l'hystérie. Il soutint, ainsi que l'avait fait Charcot, que l'hystérie pouvait être déclenchée par un choc – un accident de voiture, par exemple – sans que l'intéressé en eût nécessairement été physiquement victime. Il suffisait, selon Janet, qu'il eût l'idée que "la roue lui était passée sur la jambe" pour que le membre fût atteint de paralysie[17]. Janet fut le premier à utiliser le terme de *dissociation* en rapport avec l'hystérie, qu'il définit comme une séparation entre des systèmes d'idées et des fonctions constitutives de la personnalité[18]. Les idées n'étaient pas, pour Janet, des pensées désincarnées, mais des éléments de systèmes psychobiologiques comprenant émotions, souvenirs, sensations et comportements. Dans une série de conférences prononcées à Harvard en 1906, Janet soutint que l'hystérie était définie par la "suggestion", à savoir une idée dont la puissance excessive agit sur le corps de façon anormale[19]. Le souvenir atroce de l'accident de voiture se dissocie au-dedans de la personne. Tout se passe comme si une idée, système de pensées partiel, s'émancipait, devenant indépendante et se développant à son propre compte. Il en résulte, d'une part, que son développement est excessif et, d'autre part, qu'elle semble échapper au contrôle du conscient[20]. L'hystérie résulterait donc d'une séparation systémique qui permet à une partie dissidente de la personnalité d'errer sans direction.

Janet raconte l'histoire d'Irène, une jeune femme pauvre âgée de vingt ans, qui fut témoin de la lente et douloureuse agonie de sa mère tuberculeuse. Après des semaines passées au chevet de la malade, Irène remarqua que sa mère avait cessé de respirer et tenta désespérément de la ranimer. Au cours de ses efforts, le corps de sa mère tomba par terre et Irène eut besoin de toutes ses forces pour soulever le corps et le remettre sur le lit. Après les funérailles de sa mère, Irène commença à revivre cette mort dans des transes où elle en rejouait l'atrocité dans ses moindres détails ou la racontait indéfiniment. Ces reconstitutions terminées, elle retrouvait une conscience normale et se comportait comme si rien ne s'était produit. La famille d'Irène racontait que la jeune fille semblait étrangement peu affectée par la mort de sa mère. En vérité, elle paraissait avoir oublié l'événement. Irène elle-même exprimait de la surprise et demandait quand et comment sa mère était morte. Il y a quelque chose que je ne comprends pas, disait-elle. Pourquoi, moi qui l'aimais tant, ne suis-je pas plus affligée par sa mort ? Je n'arrive pas à la pleurer ; j'ai l'impression que son absence ne m'est rien, comme si elle était en voyage et devait revenir bientôt[21].

Ce passage me frappa. Je me demandai s'il y avait en moi une absence similaire. Aurais-je dû pleurer davantage quelqu'un que j'avais tant aimé ? Pendant des mois, après sa mort, j'avais rêvé que mon père vivait encore. Je m'étais trompée, quant à sa mort ; il n'était pas mort le moins du monde. Irène avait assisté, impuissante, à la mort de sa mère. Pendant que mon père mourait, j'avais passé des heures auprès de lui, assise à son chevet. Il respirait grâce à un respirateur à oxygène et ne pouvait plus sortir de son lit sans aide. Après l'affaissement de son poumon, les médecins l'avaient ranimé en perçant un trou dans sa poitrine pour le regonfler. Je me souviens du trou. Je me souviens du visage gris de mon père à l'hôpital de Minneapolis, de la laideur de l'éclairage fluorescent dans la chambre exiguë et du vieil homme qui gémissait dans le lit voisin du sien, derrière un rideau. Je me souviens que, lorsqu'il put retourner à la maison de repos, mon père sourit en retrouvant sa petite chambre et dit : "c'est bon de rentrer chez soi, même si ce n'est pas vraiment chez soi." Nous avions beaucoup parlé, lui et moi, dans les jours précédant sa mort, de beaucoup de choses, et tout en parlant avec lui je ne cessais de me recommander de m'attendre à sa mort, de m'y préparer. Il avait quatre-vingt-un ans et sa vie avait été longue. On ne vit pas éternellement. Nous mourons tous. Je me servais les platitudes habituelles, et je croyais efficaces les histoires que je me racontais mais, aujourd'hui, je pense que je me trompais sans doute.

Janet a forgé l'expression *la belle indifférence**, qui est toujours utilisée. On la comprend en général comme désignant une étrange absence de préoccupation à l'égard du mal dont on souffre, et étant particulièrement liée aux troubles de conversion et à l'hystérie. Un exemple cité dans un manuel destiné aux étudiants qui préparent la qualification en psychiatrie en est une bonne illustration : après la mort de sa mère dans son pays d'origine, le Mexique, un homme qui vit désormais aux Etats-Unis devient soudain aveugle sans qu'aucune cause physique soit décelée, et il paraît étrangement indifférent à son incapacité de voir. Son attitude insouciante dans

* En français dans le texte. *(N.d.T.)*

une situation aussi dramatique dénote l'éventualité d'un cas de conversion[22]. Chez Irène, l'indifférence était liée à l'événement traumatique proprement dit. Etait-ce là mon problème ? Pourquoi, aimant mon père comme je l'aimais, n'avais-je pas eu plus de chagrin ? Janet aurait dit que le chagrin avait disparu dans une partie cachée de moi-même. Freud aurait compris mon problème comme une façon efficace de me protéger de ce que je ne voulais pas admettre. Les tremblements hystériques étaient au service d'un objectif utile de dissimulation.

Et pourtant on remarque aussi une étrange indifférence chez des patients de neurologie affectés de lésions cérébrales *visibles*. Des individus atteints du syndrome d'Anton à la suite de quelque accident neurologique dévastateur, une attaque cérébrale par exemple, perdent la vue mais affirment qu'ils voient. Ce syndrome fait partie d'un phénomène beaucoup plus vaste appelé anosognosie – déni de maladie. Dans son livre intitulé *Altered Egos*, Todd Feinberg décrit une femme, Lizzy, qui avait souffert d'attaques dans les deux lobes occipitaux de son cerveau, ceux où est situé le cortex visuel primaire, et était devenue complètement aveugle. "Elle pouvait nier sa cécité et puis l'admettre ensuite, écrit-il, mais jamais elle ne paraissait se comporter comme si son handicap visuel avait la moindre importance. Elle parlait tout au long de l'entrevue et se conduisait comme si elle n'avait pas un souci au monde[23]." Lizzy vacillait entre savoir et ne pas savoir qu'elle ne voyait plus mais, même lorsqu'elle semblait le savoir, son attitude restait cohérente. Elle semblait ne pas s'en *soucier*. Deux personnes deviennent aveugles. Le cortex visuel de l'une est intact, celui de l'autre endommagé. L'une est un cas psychiatrique, l'autre un cas neurologique, mais elles manifestent l'une et l'autre une incompréhensible absence d'affliction concernant leur malheur. Y a-t-il un rapport entre ces deux nonchalances ? Ne se sont-elles pas toutes deux, à leur façon, dissociées de ce qui leur est arrivé ? Pourrait-on considérer leurs attitudes similaires comme un refoulement, en termes de psychanalyse ? L'indifférence est-elle psychologique dans le premier cas mais neurologique dans le second ? Bien entendu, tous les sujets dont le cortex visuel primaire est affecté de lésions qui les rendent aveugles ne nient pas qu'ils le sont. Seulement quelques-uns. Et *la belle indifférence* n'est pas l'apanage de tous les individus qui souffrent de troubles de conversion. Mais Irène, le Mexicain fictif, Lizzy et moi, nous pourrions avoir quelque chose en commun : un problème de chagrin. Irène avait été à tel point traumatisée par la mort de sa mère qu'une partie de son moi répétait inlassablement les circonstances de ce décès, tandis qu'une autre partie ne ressentait rien. Etais-je, moi aussi, affectée d'une sorte de conscience dédoublée – une personne qui tremblait et une autre qui restait calme ?

Six mois environ après mon épisode tremblant, j'ai donné une conférence à l'hôpital presbytérien de New York dans le cadre d'une série de colloques relatifs au Programme de médecine narrative de l'université de Columbia, organisé par Rita Charon. Médecin mais également titulaire d'un doctorat de littérature, Rita Charon s'est donné pour mission de réintégrer l'art du récit dans la pratique médicale. Sans lui, dit-elle, la réalité des souffrances d'un individu est perdue et la médecine en souffre. La distinction qu'elle fait entre ce qui est ou n'est pas récit est affaire de point de vue : "La connaissance non narrative tente d'éclairer l'universel en transcendant le particulier ; la connaissance narrative, en observant de près des individus aux prises avec les conditions de l'existence, tente d'éclairer ce qu'il y a d'universel dans la condition humaine en révélant leurs particularités[24]." Dans mon exposé, j'ai décrit ma crise devant l'arbre commémoratif et convoqué trois créatures de mon imagination – un psychiatre, un psychanalyste et un neurologue – pour illustrer la façon dont un même événement peut être interprété différemment, selon le domaine d'expertise de chacun : à la manière d'une lentille, toute discipline informe inévitablement la perception. Et me voilà en train de parler à nouveau, cette fois devant des psychiatres, des psychanalystes et des doctorants en littérature, et de leur raconter mes tremblements. Avant la conférence, une pensée m'était passée par la tête : *et si je tremble cette fois encore ?* Tout au début, je sentis mes mains trembler. J'en avais l'habitude, et je n'y fis guère attention. Plus je parlais, plus je me détendais. Je sentais que l'assistance m'écoutait. Ce n'était pas sans intention que je confessais mes tremblements, et tout le monde semblait le comprendre. La conférence se passa bien. Quelques mois plus tard, je donnai un abrégé du même exposé à l'occasion d'un séminaire littéraire à Key West, en Floride. Avant cette deuxième occurrence, j'avais participé sans un frémissement à plusieurs tables rondes publiques.

Le jour en question, nous étions quatre orateurs. Un romancier populaire bien connu, que l'on avait vu à la télévision dans l'*Oprah Winfrey show*, passait juste avant moi. Il parla de façon émouvante de son travail avec des femmes incarcérées. Ce qu'il racontait était triste mais se terminait bien. En dépit de manipulations ubuesques commises par les autorités carcérales dans le but d'étouffer les écrits des femmes qu'il avait fait travailler, ses efforts avaient fini par triompher. Tous les assistants se levèrent pour lui adresser des applaudissements vigoureux et prolongés. A présent venait mon tour de présenter mes aventures dans les domaines du mental, y compris l'atelier d'écriture que j'animais à l'hôpital pour des patients de psychiatrie. Je ne ressentais aucun trac, tout en étant consciente du fait qu'en comparaison de ce que l'on venait d'entendre, mon intervention risquait de paraître absconse. Mais j'avais pour moi mon indiscutable sincérité et ma confiance en ce que j'avais à dire. Je montai sur l'estrade et, à l'instant où je prononçais le premier mot, la chose se reproduisit : j'étais en train de trembler devant des centaines de gens. Je m'agrippai au pupitre mais mes bras, mon buste et mes jambes tremblaient si fort qu'il n'était pas question de le dissimuler. J'avais réussi à parvenir au bout du premier paragraphe lorsque j'entendis quelqu'un dire, dans les premiers rangs : “elle tremble”, et puis quelqu'un d'autre : “je crois qu'elle fait une crise d'épilepsie.” En appuyant les mains de toutes mes forces sur les bords du pupitre de bois, devant moi, tandis que se prolongeaient les spasmes humiliants, je sollicitai la patience de l'assistance et déclarai que j'allais bel et bien parler de ces tremblements un peu plus loin dans mon exposé. Cette fois encore, ma voix n'était pas affectée, même si je parlais trop vite, avec l'espoir de pouvoir me catapulter jusqu'à la conclusion qui, j'en étais convaincue, entraînerait aussi l'arrêt des tremblements. Mon mari (qui n'avait pas assisté à la cérémonie de l'arbre) me confia plus tard qu'il n'avait jamais rien vu de pareil. Bien que je lui eusse décrit ma première crise, il n'avait pas compris à quel point elle avait été spectaculaire. Il avait eu la tentation de se précipiter sur l'estrade, de m'empoigner et d'en redescendre en me portant dans ses bras.

Cependant, tandis que je continuais à parler, le tremblement se mit à décroître ; non pas d'un coup, mais lentement, progressivement, mon agitation convulsive s'apaisa. A la fin de mon intervention, elle avait complètement disparu. Le public se montra bienveillant. On applaudit. Un neurologue, un psychiatre et un psychothérapeute s'approchèrent ensuite de moi et, à mon immense soulagement, ne m'offrirent pas leurs services mais des réflexions sur le contenu de mon intervention. Plusieurs autres personnes vinrent me dire que j'étais "courageuse". Je ne me sentais pas courageuse. Qu'aurais-je pu faire ? Je n'avais pas pensé avoir besoin d'une ambulance. J'étais certaine que le tremblement cesserait à la fin de l'exposé. Je n'avais le choix qu'entre continuer à parler ou tomber sur le sol en m'avouant vaincue. Un ami qui avait été l'un de mes professeurs à l'université de Columbia quand je faisais mon doctorat et qui participait également à ce séminaire me raconta ensuite qu'il avait eu l'impression de voir un médecin et son patient dans un seul corps. Et, en effet, j'avais bien été deux individus ce jour-là – un orateur raisonnable, et une femme en plein séisme personnel. Tout à fait contre ma volonté, j'avais fait une démonstration de la pathologie même que je décrivais.

Pendant plusieurs heures, après cela, je me sentis flageolante et épuisée. J'avais les membres douloureux comme en cas de grippe, et une sorte de vertige m'accablait. Mais, surtout, j'avais peur. Et si cela m'arrivait encore ? Je me demandais si les crises avaient été déclenchées par le fait de parler de mon père ou, peut-être, par le seul fait de savoir d'avance que j'allais parler de lui. Mais alors pourquoi n'avais-je pas tremblé lors de la conférence de médecine narrative ? Pourquoi m'étais-je sentie aussi calme avant ces deux épisodes ? L'accueil qu'avait reçu le romancier populaire avait-il fait naître en moi l'idée subliminale qu'après son récit victorieux mes propos seraient décevants ? M'étais-je couchée trop tard la veille et avais-je bu de trop nombreuses tasses de café ce matin-là ? J'avais assisté à la communication d'un pharmacologue sur les attaques de panique, et il avait expliqué que la vulnérabilité peut être le résultat de certains comportements. Les fumeurs, par exemple, sont plus enclins à la panique que les non-fumeurs. Il y avait des années que j'avais arrêté de fumer, mais la caféine est un stimulant qui aurait pu me prédisposer aux tremblements. Hélas, mon diagnostic personnel de conversion n'avait pas résolu mon problème. Une autre conférence était imminente : on m'avait demandé de parler d'un sujet tout différent au musée du Prado, à Madrid, dans le cadre d'un colloque sur les maîtres anciens et le modernisme. Mon texte était écrit, la présentation PowerPoint préparée. Peut-être allais-je craquer de nouveau. Peut-être allais-je, désormais, trembler chaque fois que je me retrouverais face à un public. J'avais besoin d'aide, et pas de celle d'une créature imaginaire. J'appelai un ami psychiatre, quelqu'un à qui je pouvais me fier, pour qu'il me recommande un professionnel intelligent et sérieux. Dans un courriel, il suggéra que, plutôt que d'hystérie, je souffrais d'une forme de trouble panique. Ce qu'il me fallait, c'était un médicament qui me permette de tenir une heure au Prado. Par la suite, je pourrais m'occuper des problèmes plus profonds qui, éventuellement, étaient responsables de mes tremblements. Il me conseilla de m'adresser à un pharmacologue.

Finalement, je racontai mon histoire au Dr F., un vrai psychiatre dans un vrai cabinet. Je découvris un homme attentif et plein de sympathie. Il m'écouta patiemment décrire mes antécédents migraineux, ce que je tenais pour une crise unique, la suggestion de mon ami selon laquelle je souffrirais d'une forme de trouble panique et ma propre théorie selon laquelle il pouvait s'agir d'un cas de conversion. Il me répondit avec franchise que mes crises ne correspondaient pas au trouble panique dans la mesure où je n'éprouvais pas d'inquiétude en amont ; jamais je ne m'étais sentie en danger de quelque façon que ce fût, et je savais que je n'étais pas en train de mourir. Je sortis de chez lui avec une ordonnance pour six comprimés à 0,5 milligramme de lorazépam et une recommandation pour un spécialiste de l'épilepsie. Avant ma communication à Madrid, je pris le comprimé. Je n'eus aucun tremblement. J'avais pris rendez-vous chez le spécialiste de l'épilepsie, mais je l'annulai.

Mon voyage, tant imaginaire que réel, m'avait ramenée à mon point de départ. Le lorazépam m'avait probablement calmée juste assez pour m'éviter de trembler au Prado. On l'utilise, ainsi que d'autres benzodiazépines, pour traiter d'authentiques crises d'épilepsie ou de panique, de sorte que l'efficacité de la drogue ne pouvait aider un praticien à porter un diagnostic sur mon cas. D'autre part, la communication que j'avais faite n'avait rien à voir avec mon père et cela aurait pu, de toute façon, m'épargner les tremblements. Et, pour compliquer encore les choses, peut-être un placebo aurait-il agi tout aussi bien. On sait aujourd'hui que la simple conviction qu'un comprimé va soulager peut libérer dans le cerveau des opioïdes qui vous font vous sentir mieux ; ou, dans les termes des auteurs d'une étude, "des facteurs cognitifs (par exemple, la confiance dans la disparition de la douleur) ont la capacité de moduler des états physiques et émotionnels[25]". Les *idées*, apparemment, sont puissantes et peuvent nous modifier. Ainsi que Janet le faisait remarquer, la roue de la voiture n'a pas besoin de passer sur la jambe ; l'idée qu'elle y est passée peut suffire à paralyser le membre. Etait-ce la seule idée de la mort de mon père qui me faisait trembler ? Ou s'agissait-il d'autre chose ? La seule certitude était que ma conscience n'y avait pas accès ; je suis incapable de l'exprimer en mots. L'idée est cachée ailleurs. La question est : est-il possible de la trouver ?

Il arrive parfois que les théories précèdent les technologies qui apporteront la preuve de leur justesse et, parfois, que la technologie soit très en avance sur la théorie. C'est le cas des avancées qui ont transformé la recherche en neurosciences. La tomographie par émission de positrons (TEP) ou par émission de simples photons (TESP) et l'imagerie par résonance magnétique fonctionnelle (IRMf) ont toutes été utilisées dans des examens du cerveau ainsi que d'autres organes du corps. Les images colorisées que beaucoup de gens ont vues dans des magazines ou à la télévision indiquent une circulation sanguine dans différentes parties du cerveau. En théorie, plus le sang qui circule est oxygéné, plus intense est l'activité cérébrale. Ce que ces images montrent en réalité et la façon dont il convient de les lire demeurent néanmoins sujets à controverse. A bien des reprises, j'ai entendu des scientifiques exprimer leurs doutes concernant ce que les images *signifient* véritablement, et pourtant ces images sont souvent appelées à servir de preuve, elles sont fascinantes à regarder et constituent des instruments utiles en dépit du fait qu'il est difficile de les considérer comme le fin du fin de la recherche scientifique. Cela étant, lorsque les images en coupe du cerveau apparaissent dans la presse populaire, ils sont largement débarrassés des doutes qui les entourent. Le 26 septembre 2006, la section scientifique du *New York Times* publiait un article intitulé "L'hystérie est-elle une réalité ? «Oui», répond l'imagerie cérébrale". Outre qu'une telle manchette conduit à s'interroger sur la signification du mot *réalité*, elle est révélatrice des idées fausses qui ont cours concernant la maladie mentale et la relation corps-esprit. La thèse implicite est que, si une paralysie ou une crise hystériques sont visibles sur une image scannée du cerveau, une pathologie jadis considérée comme se passant "entièrement dans la tête" affecte en réalité le corps et, si elle affecte le corps, sa "réalité" est confirmée.

“L’hystérie semblait être une extravagance disparue depuis le XIXe siècle, écrit la journaliste, utile à l’analyse littéraire mais assurément déplacée dans le champ sérieux de la science contemporaine.” Ici encore, une hiérarchie est établie. Il est possible que ces gens empoisonnants qui prennent la littérature au sérieux trouvent à l’hystérie une certaine utilité mais pourquoi les scientifiques, maîtres de la culture qui détermine nos vérités, seraient-ils concernés par quelque chose d’aussi rétrograde ? “Le mot même d’*hystérie* paraît trouble, poursuit-elle, plus qu’un peu misogyne et par trop redevable à un Freud aujourd’hui passé de mode[26].” La journaliste a raison de dire que l’hystérie revêt pour les femmes une connotation négative et que même des gens qui n’ont jamais lu une ligne de Freud se sentent libres de condamner ses théories parce que, de même que l’hystérie en tant que maladie, ses idées ne sont plus à la mode. Mais, si précieuse qu’elle puisse être, l’imagerie cérébrale ne peut pas *expliquer* la conversion.

Si cette technique démontre bien l’existence de corrélats neuro-anatomiques à une paralysie ou une cécité hystériques – une modification organique –, il est impossible de découvrir à partir d’une IRMf la façon dont cela se produit, pas plus que ces images n’indiquent aux médecins comment traiter les cas de conversion. Ainsi que l’observait Sean Spence dans son ouvrage *Advances in Psychiatric Treatment*, après avoir passé en revue des études d’imagerie du cerveau relatives à des symptômes de conversion ainsi que d'autres troubles psychiatriques impliquant l'un ou l'autre problème *physique*, dont l'anorexie et les hallucinations auditives : "La leçon la plus sévère à tirer de ces études est l'absence de spécificité des découvertes décrites à ce jour. Bien que nous puissions prédire qu'un patient qui décrit un trouble physique «quelconque» présentera des anomalies de certaines régions candidates du cerveau, nous rencontrerions une grande difficulté à modifier diagnostic ou traitement sur la base d'un scanner du cerveau[27]." Et pourtant les symptômes observés dans un cas de conversion sont aussi réels que n'importe quels autres symptômes, et ils peuvent être associés à des chocs émotionnels ou à des traumatismes.

Justine Etchevery fut la première patiente hystérique de Charcot. Avant son arrivée à la Salpêtrière, sa vie avait été un catalogue de malheurs. Née dans une famille de quatorze enfants, elle vit mourir en bas âge presque tous ses frères et sœurs. Elle survécut successivement à la fièvre typhoïde et au choléra. Dans une institution où elle était employée, un homme l'agressa et tenta de la violer. A vingt-cinq ans, elle connut sa première crise de convulsions, tomba dans un feu et resta gravement brûlée et aveugle d'un œil. A son arrivée à la Salpêtrière, elle souffrait de paralysie et d'une insensibilité du côté gauche. Une fois à l'hôpital, elle eut une nouvelle crise violente, perdit l'usage de son bras gauche et, peu après, celui de tous ses membres. Les "contractures" durèrent huit ans. Et puis, le 22 mai 1874, alors qu'elle était couchée dans son lit d'hôpital, elle eut une crise soudaine de suffocation, remarqua que la raideur de sa mâchoire et de sa jambe gauche s'était atténuée et se mit à crier aux sœurs infirmières : "Je veux me lever ! je veux marcher !" Après des années de paralysie, Justine descendit de son lit et marcha[28]. L'hystérie peut être le lieu de miracles.

Ce qui suit est la brève histoire d'un autre cas de conversion décrit dans un appendice à un article paru dans *Brain* en 2001 :

> Patiente : V. U. Femme, quarante ans, droitière, a fui l'Algérie dans l'enfance, échappant à une fusillade lors de laquelle des membres de sa famille ont été tués. Douleur chronique du cou avec irradiations dans le bras gauche pendant plusieurs années après accident de voiture sans lésion, mais aucun diagnostic antérieur somatoforme ou psychiatrique. Faiblesse du bras gauche et insensibilité deux mois après avoir déplacé des meubles parce que forcée de partir s'installer en Suisse. Ne pouvait ni lever le bras gauche ni le maintenir tendu, seulement des mouvements lents et légers des doigts. Sensation atténuée en cas de toucher léger sur toute la longueur du bras, sans distribution radiculaire[29].

Bien que les auteurs de l'article établissent un rapport implicite entre les terribles événements qui avaient affligé cette femme et sa maladie, ils n'en font pas état. Leur tâche consistait à observer des images scannées du cerveau, dans lesquelles ils trouvèrent des “asymétries” sous-corticales chez chacun de leurs sept patients, asymétries qui disparurent chez les quatre qui guérirent. De même que Justine, V. U. avait subi non pas une mais plusieurs expériences traumatiques sur lesquelles elle ne pouvait exercer aucun contrôle. On ne peut ignorer la similitude entre sa “fuite” dans l’enfance et son déménagement “forcé” à l’âge adulte. L’événement le plus tardif est un reflet de l’original.

Le *DSM* ne raconte pas d’histoires. Il ne contient aucune analyse de cas, ni réels ni fictionnels. L’étiologie, étude des *causes* de la maladie, n’y a pas sa place. L’ouvrage a pour mission d’être purement descriptif, de réunir des symptômes sous des en-têtes qui aideront les médecins à établir leurs diagnostics. Il existe, en annexe au *DSM-IV*, un recueil de comptes rendus de cas mais, de façon caractéristique, ces récits où il est question de médecins et de patients réels sont réunis en un seul volume distinct de celui qui traite des diagnostics. La vérité, c’est que tous les patients ont une histoire et que ces histoires font nécessairement partie intégrante de la *signification* de leurs maladies. Cela peut être plus vrai encore pour les patients de psychiatrie, dont l’histoire est souvent si fort enchevêtrée avec la maladie que l’on ne peut les démêler l’une de l’autre.

Un jour, à l’hôpital, je travaillais avec une jeune fille de quinze ans. B. était ma seule élève cet après-midi-là, et je lui annonçai que j’étais venue pour écrire un peu avec elle. Elle me dit qu’elle n’avait pas envie d’écrire. Je répondis que je n’obligeais jamais personne à écrire, et nous bavardâmes un moment. Et puis, sans préavis, elle prit son crayon et se mit à déverser sur le papier l'histoire de deux jeunes filles. Elles s'étaient connues à l'école, s'étaient prises d'affection l'une pour l'autre et avaient commencé à correspondre dans des cahiers qu'elles échangeaient chaque jour. Le secret était nécessaire parce que toutes deux avaient des pères violents et colériques, et craignaient d'être surprises si elles se parlaient au téléphone. Dans leurs communications écrites quotidiennes, elles trouvaient quelque consolation mais, au bout de quelques mois, le père de l'une d'elles découvrit le cahier de sa fille et, à peine quelques jours plus tard, il quitta la ville avec elle. La jeune fille qui restait ne revit jamais son amie. Comme j'admirais l'histoire et disais que je la trouvais terriblement triste, mon élève releva la tête et dit : "C'est mon histoire." Elle se tut alors, me regarda dans les yeux et ajouta : "Voyez-vous, j'ai été battue par mon père et violée par mon frère. C'est pour ça que tout est si dur pour moi." Il était difficile de lui répondre. Quand je quittai l'hôpital, ce jour-là, je me demandais s'il était possible de distinguer sa maladie de l'histoire de brutalité et de viol qu'elle m'avait racontée. Ce récit ne faisait-il pas partie de sa maladie ? Pouvait-on séparer les deux ?

Désiré-Magloire Bourneville était un jeune aliéniste qui a travaillé avec Charcot et écrit des comptes rendus cliniques détaillés de cas d'hystérie traités à la Salpêtrière. "Dans leur délire, écrivit-il, les hystériques ont des réminiscences d'événements anciens de leur vie, douleurs physiques autant qu'émotions morales, événements qui ont déclenché leurs attaques dans le passé [...] rien n'est plus certain que le fait qu'ils se souviennent de ces événements émotionnels[30]." Par la suite, Freud et Breuer écriraient ces mots bien plus célèbres : "C'est de réminiscences surtout que souffre l'hystérique[31]." La jeune fille, à l'hôpital, n'était pas un cas de conversion. J'ignore quel diagnostic avait été émis à son sujet mais, manifestement, elle était traumatisée par le souvenir d'avoir été frappée et violée. On ne peut pas raconter les histoires vraies dans le sens où elles se sont déroulées, seulement en les revoyant à l'envers. On les invente à partir du point de vue d'un présent en constante transformation, en se racontant la façon dont elles se sont passées. La raison pour laquelle un individu qui a été maltraité par un de ses parents devient psychopathe, un autre qui a subi un traitement similaire souffre de dépression profonde tandis qu'un autre encore est atteint d'une paralysie inexplicable n'est pas claire. Ce qui est clair, c'est que la mémoire est essentielle à la personnalité et que les souvenirs peuvent être à la fois implicites et explicites – inconscients et conscients. Freud ne fut pas le premier à affirmer que la plus grande partie de ce que fait le cerveau est inconsciente. Au XIXe siècle, les physiologistes anglais William Carpenter et allemand Gustav Fechner, ainsi que le physicien allemand Herman von Helmholtz, maintenaient tous trois qu'il existait un inconscient psychologique, et pas seulement physiologique.

Pensées, souvenirs et idées pouvaient résider en dehors de notre conscience. Freud tenta de comprendre comment les processus inconscients fonctionnent dans la psyché.

Aucun neurologue ne conteste aujourd'hui l'existence d'un inconscient. Mais il est étrange de penser qu'il n'y a pas si longtemps, cette idée même était considérée comme suspecte. Après mon passage au Mount Sinai Hospital, on m'envoya chez un psychologue, le Dr E., qui m'enseigna le *biofeedback* (rétroaction biologique). Branchée à un appareil pourvu d'électrodes, j'appris au cours d'une période de huit mois à me détendre, à augmenter ma circulation sanguine, à réchauffer mes extrémités et à diminuer ma douleur. Le Dr E. était un behavioriste. Je l'entends encore déclarer : "s'il existe un inconscient, quelle importance ?" Le behaviorisme a fermé la porte sur l'inconscient parce que ses partisans soutenaient que tout ce qu'on a besoin de comprendre des humains peut être déduit de l'observation de leur comportement – une vision à la troisième personne. Les régions troubles de la première personne présentaient un piège. Et pourtant la maladie, n'importe quelle maladie, c'est toujours *quelqu'un* qui en fait l'expérience. Il existe une phénoménologie de la maladie, qui dépend du tempérament, des antécédents personnels et de la culture dans laquelle on vit.

J'ai continué à trembler. Je tremblais même avec le lorazépam, mais pas à chaque prestation en public, lors de quelques-unes seulement. A la parution de mon dernier roman, celui qui a pour narrateur mon frère imaginaire et dans lequel j'ai utilisé des fragments des mémoires que mon père avait écrits à l'intention de sa famille et de ses amis, lorsque j'en ai lu des passages à haute voix en public, j'ai tremblé. Quand j'ai participé, en Australie, à une table ronde qui avait pour thème la mort dans la littérature, j'ai tremblé. L'histoire se déroulait toujours de la même façon. Si je continuais de parler, le tremblement s'apaisait mais il faut une grande maîtrise de soi pour *ne pas* se laisser distraire par une violente convulsion de tout son corps et je commençai à me demander si je pourrais tenir le coup. Ce qui m'avait un jour saisie par surprise devint familier. Ce qui avait eu l'air d'une occurrence bizarre déconnectée de toute émotion identifiable commençait à ressembler de plus en plus à une forme extrême de trac – tout à fait irrationnelle mais exclusivement liée à des moments où j'étais exposée au regard d'un public. Tout ce qui avait un rapport avec une prestation en public suscitait en moi angoisse et détresse. A tout moment, mon turbulent saboteur intérieur pouvait se manifester pour perturber mon intervention. C'est alors que je découvris le bêtabloquant nommé indéral. J'en avais pris, des années auparavant, pour la migraine. Il n'avait pas soulagé le mal de tête mais, sur le conseil d'un ami, j'essayai dix milligrammes de ce médicament chaque fois que je devais lire ou parler en public, et *cela marcha*. L'indéral (ou propranolol) est un remède de l'hypertension artérielle ;

bloqueur des récepteurs adrénergiques, il réduit la libération des hormones du stress.

On pourrait imaginer que mon histoire de la femme qui tremble s'arrête là, que l'élimination réussie de mes crises lors d'interventions devant des inconnus m'a remplie de soulagement, voire de joie, mais il n'en fut pas ainsi. Pendant une tournée en Allemagne et en Suisse, j'ingurgitai du propranolol avant chaque lecture dans chacune des six villes où j'étais invitée et n'eus pas un tremblement. Dans la dernière ville, Zurich, je pris le comprimé et lus sans trembler, mais, d'un bout à l'autre de l'intervention, je ressentis un frémissement interne, un bourdonnement électrique qui parcourait mes membres de haut en bas. Comme si j'avais tremblé sans trembler. Tout en lisant, je me houspillais intérieurement en me répétant : "Admets ce qui se passe. C'est toi, ça. Admets-le !" L'usage que je faisais de la deuxième personne suggère, de toute évidence, la déchirure qui s'était produite – l'impression sinistre qu'il y avait là deux Siri et non une seule. J'étais alors épuisée à force de voyager d'une ville à l'autre, de me prêter chaque jour à des interviews et à des lectures, habitée sans cesse par l'angoisse de trembler, et d'exposer à autrui les profondeurs de ma vie intérieure sous la forme de lectures extraites d'un livre qui avait pour origine directe la mort de mon père. Si la solution pharmacologique inhibait le problème extérieur, elle ne résolvait pas le mystère. Elle ne me disait pas ce qui s'était passé.

On utilise les bêtabloquants dans le traitement des maladies cardiaques, de l'anxiété, du glaucome, de l'hyperthyroïdisme et de problèmes neurologiques tels que la migraine. Dans une section de *Basic and Clinical Pharmacology* intitulée "Maladies neurologiques", les auteurs reconnaissent qu'ils ne savent pas pourquoi le propranolol est parfois efficace en cas de migraine. Ils poursuivent en ces termes : "Puisque l'activité sympathique peut accroître le tremblement musculaire squelettique, il n'est pas étonnant qu'on ait constaté que *les bêtabloquants peuvent réduire certains tremblements*. Les manifestations somatiques de l'anxiété peuvent réagir de façon spectaculaire à de faibles doses de propranolol, surtout lorsqu'il est pris à titre prophylactique. Par exemple, il s'est révélé bénéfique pour des musiciens souffrant de trac[32]." (les italiques sont de moi.) L'"activité sympathique" fait partie du système nerveux autonome, cette partie de nous qui fonctionne à plein régime à l'occasion d'une urgence ou d'une situation de stress. Elle est automatique et involontaire. Tout cela correspond à mon cas, mais comment se fait-il que j'aie soudain, sans aucun avertissement, été atteinte par le trac à l'âge de cinquante et un ans ? Pour une raison inexpliquée, après de nombreuses années de calme relatif, j'ai vu se développer en moi non pas le tremblement nerveux facile à dissimuler dont j'avais déjà fait l'expérience, mais des spasmes d'une violence quasi destructrice. Et pourquoi ne me suis-je pas sentie angoissée avant ma première crise de tremblements si elle était liée à l'angoisse ? Pourquoi mon élocution reste-t-elle calme pendant chacune de ces crises ? Où sont les battements de cœur, le souffle court provoqués par la sensation de panique qu'il m'est arrivé de connaître en d'autres circonstances ?

Le propranolol est également utilisé dans le traitement de la récurrence débilitante du souvenir liée au syndrome psychotraumatique. Sans éliminer le souvenir, il en réduit l'intensité et le rend plus supportable. Le cognitiviste Larry Cahill a dirigé une recherche qui a démontré les effets de la drogue sur la mémoire. On présente à deux groupes d'individus une série de diapositives au départ identiques. Chacun voit les mêmes quatre premières images, après quoi le récit diverge, d'une histoire neutre (un garçon et ses parents visitent un hôpital et assistent à un exercice de procédures d'urgence) à une histoire à forte teneur émotionnelle (gravement blessé dans un accident, le garçon est emmené d'urgence à l'hôpital où des chirurgiens rattachent son pied coupé[33]). Avant qu'ils ne regardent l'une des deux histoires, on avait donné aux sujets soit du propranolol, soit un placebo. Quinze jours plus tard, les participants sont priés de revenir sans avoir été avertis qu'ils vont être interrogés sur le souvenir qu'ils ont conservé des diapositives. Il apparaît alors que les sujets qui ont pris le placebo ont des souvenirs très vifs de l'histoire de l'accident, mais pas ceux qui ont pris du propranolol. Pour ce qui est de l'histoire neutre, les résultats sont à peu près les mêmes. Lors de fortes expériences émotionnelles, les hormones du stress, épinéphrine (adrénaline) et cortisol, sont libérées dans le cerveau et semblent avoir une action stimulante sur la conservation de souvenirs vivaces. Le propranolol, toutefois, interfère avec la libération de ces hormones et bloque l'effet de cette excitation émotionnelle sur la mémoire. Il semble néanmoins n'exercer aucune influence sur les souvenirs d'événements plus ordinaires ou plus neutres[34].

Il semble aussi que les souvenirs émotionnels soient traités et stockés dans le cerveau autrement que des souvenirs plus quelconques, ce qui peut expliquer le phénomène des flash-back traumatiques. Une étude neurobiologique réalisée en 1996 sur des individus sujets à des flash-back concluait que ces souvenirs sont "organisés à un niveau perceptuel et affectif avec une représentation sémantique limitée, et qu'ils tendent à s'imposer en tant que fragments émotionnels ou sensoriels liés à l'événement original, pour se stabiliser avec le temps[35]". Voilà une façon recherchée de dire que ce qui remonte dans un flash-back n'est pas mémorisé au moyen du langage mais du fait de l'émotion et de la sensation. Après un accident de voiture, j'ai eu des flash-back quatre nuits de suite. Chaque fois j'étais endormie et, chaque fois, je me suis éveillée assise dans mon lit, terrifiée, le cœur battant la chamade, après avoir revécu l'instant de la collision : la camionnette lancée à toute vitesse, le bruit assourdissant du verre et du métal qui explosaient autour de moi. Quatre nuits de suite, j'ai revécu le choc de l'écrasement de cette camionnette contre le côté passager de la voiture, où j'étais assise. Ce souvenir-là n'avait rien à voir avec aucun de ceux que j'avais pu avoir auparavant. Je ne l'avais pas recherché, et il n'avait pas été provoqué par un quelconque stimulus externe – une odeur, un goût, une vision ou un bruit. Il advenait, c'est tout, et, quand il advenait, ce n'était pas au passé mais au présent. Ce qui était arrivé arrivait à nouveau.

Dans *Histoire et trauma, la folie des guerres*, Françoise Davoine et Jean-Max Gaudillière, deux psychanalystes qui ont accompli un travail important dans ce domaine, citent cette curieuse altération de la notion de temps chez ceux qui ont été traumatisés. "Ça n'était pas *il était une fois*, écrivent-ils, il n'y avait pas de *fois*, il n'y en aurait plus[36]." Le souvenir traumatique ne se raconte pas. Les histoires, elles, se passent toujours dans le temps. Elles se déroulent dans un certain ordre, et se situent toujours derrière nous. Ces quatre nuits où j'ai revécu l'événement ne possédaient pas de mots. J'aurais été incapable de dire : *Ah, oui, ça s'est passé il y a quatre jours quand mon mari, notre fille, notre chien et moi revenions chez nous de la campagne. Une camionnette qui roulait trop vite nous a heurtés à un carrefour. La voiture a été complètement détruite, mais nous avons tous survécu.* L'expérience n'avait ni contexte (le retour de la campagne), ni lieu (l'intersection de la Troisième rue et de la Quatrième avenue, à Brooklyn) et n'était en aucune façon diminuée par l'éloignement (ce n'est pas maintenant que cela se passe ; cela s'est passé hier, ou avant-hier, ou le jour d'avant). La violence faisait irruption dans mon sommeil, surgie de nulle part, et me percutait avec une force équivalente à celle de l'accident lui-même.

Pour l'avoir revécu durant ces quatre nuits, je sais que le choc fut terrible, mais le souvenir de l'instant catastrophique n'est plus présent dans ma mémoire. Je me souviens en revanche de l'*après*-collision avec une clarté et une précision extrêmes. Je me rappelle que j'étais assise, figée, sur mon siège, je me rappelle m'être assurée sans bouger la tête que j'étais entière. Je me rappelle avoir regardé le ciel à travers le verre éclaté du pare-brise, et tout était noir, blanc et gris. Je me rappelle le pompier me disant que les pinces hydrauliques étaient bruyantes, et je me souviens de mon indifférence, une indifférence si profonde que je suis allée jusqu'à me dire : Si tu dois mourir maintenant, ceci n'est pas une si mauvaise façon d'y passer. Dans l'ambulance, le brancardier qui surveillait ma tension en train de dégringoler pendant que la sirène hurlait au-dessus de nos têtes me demanda si j'étais particulièrement blanche. Je lui répondis qu'étant d'origine nord-européenne, j'étais blanche, en effet, mais qu'il était rare que ma blancheur suscite des commentaires. Nul doute qu'après l'accident j'étais devenue très pâle. Je ne savais pas alors si je m'étais ou non cassé le cou, si j'allais ou non mourir ou rester invalide toute ma vie, mais je ne ressentais ni peur ni détresse. Mes perceptions étaient aiguës. En réalité, je m'enjoignais d'être attentive à tout car, si je m'en sortais, je pourrais sans doute faire usage de ce matériau dans un roman. Etant donné les circonstances, cela me paraît maintenant bizarre, mais la distance que j'avais prise par rapport à une catastrophe potentielle doit avoir joué un rôle protecteur et adaptateur : de l'aliénation comme armure contre le réel. La petite voix dans ma tête allait son chemin narratif, elle poursuivait son discours à sa manière raisonnable, mais mes émotions étaient réduites au silence.

Dans leur livre intitulé *The Haunted Self*, Onno van der Hart, Ellert R. S. Nijenhuis et Kathy Steele étudient le traumatisme et la dissociation[37]. A la suite de Janet et d'autres, ils soutiennent que les expériences dissociatives sont dues à une division dans les systèmes psychobiologiques du patient. Utilisant une terminologie mise au point par Charles Myers, qui a étudié le traumatisme, en particulier chez les vétérans de la Première Guerre mondiale, ils identifient la fêlure en termes de personnalité apparemment normale (*Apparently Normal Personality*, ou ANP) et de personnalité émotionnelle (*Emotional Personality*, ou EP). Bien que d'une telle distinction puisse résulter un comique involontaire – son ANP faisait ceci tandis que son EP faisait cela –, ces termes me paraissent justes. Le danger, c'est que ce langage réduise une réalité complexe à quelque chose de beaucoup trop simple, quel que soit le souhait des auteurs qui l'utilisent de tenir compte des mécanismes délicats qui y interviennent. ANP et EP paraissent dangereusement proches de “personnalité multiple”, un diagnostic qui a mis beaucoup de gens mal à l’aise car, pendant quelque temps, les psychothérapeutes semblaient trouver partout des multiples. *Hôtes* et *autres* étaient omniprésents, de même que les souvenirs traumatiques récupérés, dont certains extrêmement suspects. La réaction du *DSM* consista à remplacer “personnalité multiple” par “identité dissociative”, ou DID *(dissociative identity disorder)*. Cela atténue le caractère “plusieurs personnes en une” de l’affection tout en insistant sur la présence d’un problème affectant la totalité de l’*identité* de la personne. Au lieu d’être plusieurs personnes distinctes, le multiple est un individu en morceaux. Ainsi que le fait remarquer Ian Hacking dans *L’Ame réécrite : étude sur la personnalité multiple et les sciences de la mémoire*, la perception modifie le mal. Hacking note que certains médecins avaient des patients à personnalité multiple dans les années 1840, mais que la représentation qu’ils se faisaient du mal était très différente de celle qui était commune dans les années 1990. Il affirme que la vision des médecins était différente parce que les patients étaient différents, mais que les patients étaient différents parce qu’étaient différentes les attentes des médecins[38]. En d’autres termes, la suggestion est puissante et les humains y sont beaucoup plus sensibles que nous ne voudrions l’imaginer.

Hacking ne cherche pas à remettre en cause l’existence d’individus traumatisés ni le fait qu’ils souffrent de symptômes parfois aberrants. Il suit à la trace l'évolution historique d'un diagnostic très répandu au XIXe siècle et significativement considéré comme une forme d'*hystérie*. La notion de personnalité multiple a reculé en même temps que celle d'hystérie, pour revenir ensuite à la fin du XXe siècle sous une forme différente. Hacking n'aime pas le mot *dissociation* parce que sa signification est vaste et qu'on l'utilise en référence à de nombreux états. Je pense que son objection s'est trouvée renforcée par la façon dont le mot s'est mué en étendard des défenseurs des troubles de la personnalité multiple dans le courant des années 1990, quand la guerre à propos de la mémoire récupérée faisait rage à coups d'articles publiés par des psychothérapeutes dans des journaux tels que *Dissociation* et *Société internationale pour l'étude de la dissociation*. Il a raison dans la mesure où le mot est devenu flou et a été utilisé par des praticiens qui peuvent avoir provoqué chez leurs patients une pluralité par suggestion. Il semble néanmoins qu'il existe chez les humains une réaction défensive qui suppose, face à l'insoutenable – la proximité de sa propre mort ou de la mort d'autrui –, une forme quelconque de distanciation ou de traduction. Justine en 1874 et V. U. en 2001 évoluaient dans des climats médicaux différents, ce qui n'implique pas que nous ne puissions discerner entre elles des similitudes.

Demeure en moi l'étrange sensation d'une dualité, la conscience intense d'un "je" et d'un incontrôlable "autre". La femme qui tremble n'est certainement pas une personne possédant un *nom*. C'est une étrangère muette qui n'apparaît que lorsque je parle en public. Dans l'une de ses conférences à Harvard, Janet cite un cas de tremblement hystérique et explique que si, dans certains cas rares, on peut découvrir, derrière le tremblement, l'existence d'une *idée fixe* séparée de la conscience, il n'y a rien là, dans la plupart des cas, qu'un *vague état émotif* et une sorte de transformation de la fonction motrice des membres[39]. A propos de cas d'anesthésie hystérique, il précise que ce qui a disparu, ce n'est pas la sensation élémentaire, mais bien la faculté qui permet au sujet de dire clairement : "c'est moi qui sens, c'est moi qui entends[40]." L'hystérie, de ce point de vue, est un désordre de la subjectivité, de la propriété du moi.

Mais qui possède le moi ? Est-ce le "je" ? Quel sens revêtent, à cet égard, les notions d'intégrité ou de fragmentation ? Qu'est-ce que la subjectivité ? S'agit-il d'une propriété singulière ou plurielle ? J'ai fini par considérer la femme qui tremble comme un autre moi non domestiqué, le Mr Hyde de mon Dr Jekyll, une sorte de double. En littérature, presque toujours, les doubles tourmentent leurs originaux, dont ils sabotent les désirs et ambitions, et, souvent, ils prennent le pouvoir. L'inquiétant jumeau et rival de Poe dans *William Wilson* est identique en tous points au premier William Wilson, sauf qu'il ne peut élever la voix au-delà du murmure, écho fantomatique de la voix du narrateur. M. Goliadkine, le héros désemparé de Dostoïevski dans *Le Double*, tremble dans le cabinet de son médecin peu avant l'apparition du malin et ambitieux second M. Goliadkine : "Ses yeux gris avaient eu comme un éclat étrange, ses lèvres s'étaient mises à trembler, tous ses muscles, tous les traits de son visage s'étaient mis à bouger, à remuer. Lui-même, il tremblait des pieds à la tête[41]." Dans *L'Ombre*, le conte de Hans Christian Andersen, c'est une ombre qui supplante son possesseur : "Car désormais l'ombre était maître et le maître, l'ombre[42]." Original et copie sont en guerre.

Mais des histoires de doubles, il en existe aussi en dehors de la fiction, dans la littérature neurologique. Des gens souffrant de migraine ont vu, pendant leur aura, des doubles d'eux-mêmes. Connues sous le nom d'hallucinations autoscopiques, de telles visions sont des miroirs du moi. Le migraineux voit son double, immobile parfois mais, souvent, en train de marcher à ses côtés en imitant chacun de ses gestes. Le neurologue Klaus Podoll, qui a effectué des recherches intensives sur les auras migraineuses, rappelle, sur le site internet qu'il partage avec son collègue Markus Dahlem, l'histoire du botaniste suédois Carl von Linné, qui voyait fréquemment son double avant une crise de migraine et dont on raconte qu'entrant un jour dans une salle pour y faire une conférence, il constata qu'il y avait déjà quelqu'un devant le pupitre et quitta les lieux. Il avait pris pour un autre son propre double hallucinatoire[43]. Dans un article, Todd Feinberg et Raymond Shapiro rapportent le cas d'une patiente, S. M., qui était affligée d'une atrophie dans la région temporo-pariétale droite de son cerveau. S. M. prenait pour un double son propre reflet dans un miroir, dont elle parlait comme de “l’autre S. M.”. Parce qu’elle était sourde, S. M. utilisait la langue des signes pour communiquer avec son reflet. S. M. s’entendait plutôt bien avec son second moi, mais elle reconnaissait qu’il existait entre elles certaines divergences. L’autre S. M. ne pratiquait pas aussi bien la langue des signes et n’était pas aussi intelligente que S. M. elle-même[44]. Si je devais me voir de l’extérieur comme une autre, sans être capable de reconnaître que cette personne est moi, dieu sait quels défauts je lui découvrirais. Au contraire de S. M., une autre des patientes de Feinberg, Rosamund, détestait son image dans le miroir et, à l’instar de William Wilson, la traitait de mauvaise jumelle : “Espèce de traînée ! Rentre chez toi… Fiche-nous la paix[45] !” menaçant, dans sa fureur grandissante, de tuer l’intruse. A tout le moins, ces histoires indiquent que toute conception d’un moi unitaire peut être sujette à révision. S. M. et Rosamund ne méconnaissaient que leur propre image dans le miroir, et non les reflets d’autres personnes, fait qui suggère l’existence dans la reconnaissance de son propre reflet de quelque chose de neurologiquement distinct. Les deux femmes reconnaissaient sans peine le reflet d’autrui dans le miroir et, si l’un des médecins avait désigné le corps de sa patiente en demandant à celle-ci à qui il appartenait, ni l’une ni l’autre n’aurait eu la moindre difficulté à revendiquer le sien.

Ni les nourrissons ni la plupart des animaux ne se reconnaissent dans les miroirs. Mon chien Jack n'éprouvait aucun intérêt pour son reflet, dont il ne soupçonnait pas qu'il lui appartenait. A un stade déterminé de leur développement, les humains, certains primates, les éléphants et une certaine espèce de dauphin acquièrent la capacité de comprendre qu'ils ne regardent pas autrui mais eux-mêmes. C'est un privilège des êtres hautement évolués. Le psychanalyste Jacques Lacan qualifiait de stade du miroir ce tournant dans la vie humaine, ce moment où un enfant, en voyant son propre reflet, se perçoit en tant qu'entité extériorisée, comme s'il se voyait par les yeux d'autrui[46]. Mais la plupart du temps nous ne nous voyons pas comme un tout. Je ne vois que des parties de mon corps : mes mains et un bout de mes bras sur mon clavier quand j'écris, par exemple, ou rien du tout lorsque je marche dans les rues en absorbant les spectacles, les sons et les odeurs. Dans son essai intitulé *Les Relations avec autrui chez l'enfant*, Maurice Merleau-Ponty écrit que la conscience que l'on a de son propre corps n'est pas la conscience d'une masse isolée ; c'est un schéma corporel[47]. C'est une conscience *introceptive*, pour emprunter au philosophe son vocabulaire. A la suite de Merleau-Ponty, Shaun Gallagher propose de distinguer *schéma corporel* d'*image corporelle*. Le premier terme désigne "un système de capacités motrices sensorielles[48]", système en général inconscient. Quand je tends la main pour prendre un verre, je n'ai besoin ni de regarder mon bras ni de mesurer la distance entre ma main et le verre ; j'accomplis ce geste sans y penser.

En revanche, l'image que j'ai de mon corps est consciente, ce qu'attestent les idées et réflexions que m'inspire mon être physique. Je suis grosse ou maigre, laide ou belle ; c'est un "je" objet, né de la perception de mon corps vu de l'*extérieur*, et je voudrais suggérer une chose sur laquelle Gallagher ne s'étend pas, c'est qu'une grande partie de cette construction passe par le langage. Mais la reconnaissance de soi est également dotée d'un caractère profondément émotionnel. Se voir soi-même revêt une résonance affective particulière, or, en l'absence de cette sensation familière, le reflet perd sa signification. Si S. M. avait conservé un bon fonctionnement de son schéma corporel, on pouvait dire qu'elle avait perdu un aspect de son image corporelle, la capacité de dire : *Ce n'est pas quelqu'un d'autre, c'est moi qui suis debout, là, dans ce miroir*. En tant que sujet, elle aussi souffrait d'un déficit, d'une défaillance de souveraineté individuelle – sur son propre reflet, en l'occurrence.

Les humains sont des créatures binaires : deux bras, deux jambes, deux yeux, deux oreilles, deux narines et deux hémisphères du cerveau qui se ressemblent, bien que chacun soit dit dominant pour des fonctions différentes. Ils communiquent par la voie des fibres nerveuses qui relient les deux côtés : le corps calleux. Dans les années 1960, Roger Sperry commença ses expériences sur des patients qui, souffrant de crises d'épilepsie intraitables, avaient subi une opération appelée commissurotomie, consistant à sectionner le corps calleux.

"Chaque hémisphère déconnecté, déclara Sperry dans son discours de réception du prix Nobel, se comporte comme s'il n'était pas conscient des événements cognitifs dans l'hémisphère partenaire. [...] Chaque moitié du cerveau, en d'autres termes, semble avoir son propre domaine cognitif, en grande partie distinct, doté de son propre savoir *perceptif* et de ses propres souvenirs[49]." Sommes-nous deux ou un ?

Au nombre des histoires les plus étranges ayant trait à la neurologie, on trouve celles d'individus qui semblent déchirés en deux. Leurs doubles s'installent dans leurs corps et leurs côtés droit et gauche sont en guerre. Quand la main droite boutonne une chemise, la main gauche la déboutonne. Si la main droite ouvre un tiroir, la gauche le referme avec violence. Après avoir subi une opération, certains patients affectés de disconnexion calleuse présentent un syndrome dit "de la main étrangère". Dahlia Zaidel a enregistré certaines de leurs déclarations : "ma main gauche m'ôte la cigarette de la bouche pendant que je fume" ; "j'ouvre le robinet de la main droite et la gauche le referme[50]". Les personnes dotées d'une main rebelle réprimandent souvent le membre coupable, en criant "méchante main !" ou en la frappant pour l'empêcher de commettre d'autres méfaits. Un homme avait à maîtriser une main qui manifestait une forte tendance à grimper le long de sa cuisse en direction de ses organes génitaux, même lorsque d'autres personnes se trouvaient dans la pièce. En 1908, le neurologue allemand Kurt Goldstein décrit le cas d'une femme affligée d'une main démoniaque. "En une occasion, la main l'empoigna par le cou et tenta de l'étrangler, et ne put être détachée que par la force[51]." Après la mort de cette femme, le médecin découvrit de multiples lésions dans son cerveau, dont une dans son corps calleux. Pas une de ces personnes n'aurait identifié comme "je" la main impétueuse et déloyale. En vérité, dans de tels cas, le membre offenseur semble avoir une vie insurrectionnelle bien à lui et est identifié à la troisième personne comme un être extérieur dont la force est entièrement opposée à la volonté de son possesseur. En général, mais pas toujours, la main délinquante est la *gauche*. Les fonctions motrices de la main gauche sont régies par l'hémisphère droit du cerveau, de même que l'hémisphère gauche régit la main droite. Les zones qui régissent le "je", le sujet parlant à la première personne, résident toutefois généralement dans l'hémisphère gauche, dans les zones langagières du cerveau, les sites étudiés par Freud dans son livre sur l'aphasie. Dans le syndrome de la main étrangère, il y a un "je" qui fonctionne bien, un individu respectueux des lois, qui réfléchit et qui parle, qui est conscient et dont les intentions sont civilisées, et un *autre* qui paraît opérer sans autorisation.

Celle qui entend, c'est moi. C'est moi qui sens, pense, vois et parle. C'est ici que je commence et que je finis. Je m'identifie dans le miroir. Je te vois. Tu me regardes. C'est là mon moi narratif, mon moi conscient, celui qui raconte. Mais ce n'est *pas* le moi qui tremble, ni celui des flash-back. Mark Solms et Oliver Turnbull citent dans *The Brain and the Inner World (Le cerveau et le monde intérieur)* l'une des expériences faites par Sperry sur une patiente atteinte de disconnexion calleuse. Une image apparaît brièvement sur un écran. Chez de tels patients, l'hémisphère droit va percevoir l'image, mais le gauche n'y aura pas accès. On fit voir à une femme des images pornographiques. Elle fut prise de fou rire, mais ne put expliquer sa réaction. "Ce cas démontre, écrivent les auteurs, qu'un hémisphère cérébral entier peut traiter des informations inconsciemment." Plus important, soutiennent-ils, "pour réfléchir consciemment à une expérience visuelle, on doit transposer celle-ci en mots[52]". Il semble que le langage joue un rôle essentiel pour cette conscience autoréflexive qui permet de dire : *j'ai vu sur l'écran des images pornos qui m'ont gênée et excitée*, mais qu'il ne soit pas nécessaire pour enregistrer les images et y réagir. Des versions de cette division droite/gauche du cerveau ont conduit à des notions populaires mais simplistes de personnalités liées à une latéralité cérébrale et autres spéculations réductives, telles que l'attribution du conscient à l'hémisphère gauche et de l'inconscient au droit. Sperry et d'autres ont montré que le cerveau droit n'est pas entièrement aphasique ou non verbal, même s'il est considéré comme dominant tant au niveau de la fonction spatialisante que de la fonction imageante.

Incapables de dire pourquoi ils se sentent choqués, amusés ou effrayés par une perception inconsciente, certains patients donnent dans la *confabulation*. S. M. voyait son reflet, ne le reconnaissait pas, ne *sentait* pas qu'il s'agissait d'elle-même, elle avait donc affabulé une autre S. M. Confabulation n'est pas mensonge ; en neurologie, le terme désigne les explications que des personnes au cerveau endommagé apportent aux mystères auxquels elles sont confrontées. Lorsque l'hémisphère droit enregistre une image et que l'information n'est pas envoyée au gauche, le néocortex verbal va faire de son mieux pour expliquer ce qui se passe. Michael Gazzaniga, qui a travaillé avec des personnes atteintes de disconnexion calleuse, avait donné à ce processus le nom d'"interprète cérébral gauche[53]". Chez ceux d'entre nous dont le corps calleux est intact, la correspondance est plus fluide entre les hémisphères du cerveau mais nous interprétons, nous aussi, les mystères des multiples stimuli, internes ou externes, qui se présentent à nous. La femme qui tremble n'est pas la femme qui raconte. La femme qui raconte et qui interprète continuait à parler pendant que l'autre tremblait. Cette femme qui raconte générait en abondance phrases et explications. C'est elle qui écrit maintenant. J'avoue qu'à des moments d'intense mélancolie je me suis demandé si toute une foule de théories intellectuelles ne relèvent pas de la catégorie des confabulations notoires.

Ici encore, il importe d'observer que *tous* les individus atteints de disconnexion calleuse n'ont pas les mains animées d'une vie propre – certains d'entre eux seulement. Même chez des personnes présentant des lésions ou des commissurotomies similaires, le dommage ou le sectionnement ne permettent pas de prédire le symptôme de façon infaillible, ce qui signifie qu'une investigation purement anatomique n'apportera pas d'éclaircissement sur les causes. En vérité, chez les sujets affectés, le plus remarquable n'est pas les déficits dont ils souffrent mais le peu de problèmes qu'ils semblent rencontrer. Bien entendu, ces actes chirurgicaux ne coupent pas en deux la totalité du système nerveux. Le tronc cérébral n'est pas tranché et un certain degré de communication perdure donc entre les deux côtés, d'autant que la plasticité du cerveau confère à ce dernier une capacité d'adaptation aux circonstances. Le cerveau jeune est plus malléable que le vieux. Un nourrisson qui perd un hémisphère entier de son cerveau peut en grandissant devenir étonnamment normal. Un enfant qui perd la vue dans son jeune âge est beaucoup plus adaptable qu'un adulte qui devient aveugle ; les zones du cerveau vont faire l'objet d'une reconfiguration au profit des autres sens, l'audition notamment. Le cerveau a la possibilité de modifier ses itinéraires et il apparaît aujourd'hui que, bien qu'elle diminue avec l'âge, sa plasticité ne disparaît jamais. Dans tous les cas de disconnexion calleuse étudiés, les patients avaient gardé la conscience forte d'un "je" assorti d'un interprète cérébral gauche opérationnel, même quand cet interprète se trompait quant à ce qu'avait vu l'hémisphère droit. Leurs fonctions linguistiques s'exerçaient parfaitement.

"Je" n'existe que par rapport à "tu". Le langage a lieu *entre* les gens, et c'est grâce à autrui qu'on l'acquiert, même si nous possédons l'équipement biologique nécessaire pour l'apprendre. Si l'on enferme un enfant dans un placard, il n'apprendra pas à parler. A la fois en nous et hors de nous, le langage est partie intégrante d'une réalité dialectique complexe entre les individus. Les mots franchissent les frontières de nos corps dans deux directions, vers le dehors et vers le dedans, et le minimum indispensable pour qu'un langage vive, c'est deux personnes. La première fois que j'ai eu affaire à un langage pour deux, il était le fait de jumelles identiques, dans ma ville natale. Les fillettes avaient environ trois ans lorsque leurs parents se rendirent compte qu'elles communiquaient dans un dialecte qui leur appartenait en propre. F. et T. vivaient dans une famille bilingue – on y parlait le français et l'anglais – et semblaient avoir butiné dans ces deux langues des bribes et morceaux à partir desquels elles s'étaient composé un curieux hybride bien à elles. Dans les années 1930, les neurologues russes A. R. Louria et F. Yudovitch étudièrent le cas de deux frères, des vrais jumeaux âgés de six ans, qui, à l'instar de F. et T., s'étaient créé un langage personnel à partir de gestes et de quelques termes de base. On pouvait constater chez eux d'importants retards cognitifs et de croissance dans tous les domaines. Les neurologues séparèrent les jumeaux et, avec une brutalité toute soviétique, décidèrent d'apprendre à parler à l'un des deux seulement : le jumeau A, qui occupait dans le duo une position subalterne. Le jumeau A dépassa rapidement son frère, le jumeau B, en capacités langagières. Il se mit à parler en phrases comportant verbes conjugués et syntaxe, et développa ses facultés d'imagination – c'est-à-dire la capacité de se projeter dans l'avenir et de se souvenir de lui-même dans le passé. Il acquit aussi celle de comprendre des jeux non verbaux qui lui avaient échappé jusqu'alors. Avant de posséder les outils linguistiques nécessaires, il ne comprenait pas les jeux formels et ne savait que faire des balles qu'on lui lançait, ni où courir ou sauter. L'apprentissage de la langue russe ordonna son intelligence de façon entièrement nouvelle[54]. Même si Louria n'exprimait pas cela comme je le ferais, il se pourrait bien le *temps* humain, essentiel à toute conscience effective et, bien sûr, à toute narration, doive au langage son avènement.

Après la naissance, le cortex préfrontal du cerveau de l'enfant se développe de façon considérable en deux grosses poussées situées autour de deux et de cinq ans, ainsi qu'en relation avec son expérience d'autrui. Sa neurobiologie dépend de ce qui se passe au-delà, des échanges vitaux entre enfant et parents. Les jumeaux avaient inventé un langage primitif de leur cru qui, par son caractère même, faisait obstacle à leur croissance. Faute de richesse et de flexibilité – de la conjugaison des verbes, en particulier –, il créait un monde de présent continuel, le genre de monde dans lequel je suppose que vivait mon chien. Celui-ci avait certes une mémoire qu'éveillaient certains signaux, quelques-uns même linguistiques : *promener* et *Jack*, son propre nom. Il avait pu apprendre toutes sortes de choses – s'asseoir, sortir pour faire ses besoins, ne pas sauter pour venir manger le contenu de nos assiettes – mais je suis persuadée qu'il n'avait ni rêves d'avenir ni nostalgie du passé. C'est le propre de l'homme que de concevoir le temps en tant qu'idée en même temps que d'en éprouver l'existence. Cette aptitude nous permet de situer des événements dans notre vie passée ou dans quelque avenir imaginaire. Mais les expériences humaines n'existent pas toutes dans cet ordre autobiographique. Si nous revenons à Davoine et Gaudillière, à leur travail auprès de victimes de traumatismes et à leur déclaration selon laquelle "le passé est le présent", il est possible de comprendre le traumatisme comme une forme de mutisme située dans un présent continuel. En effet, ils soutiennent que les victimes de traumatismes vivent "en dehors du temps[55]". Ma brève expérience de flash-back en témoigne : elle était non verbale, involontaire, et *ne* se produisait *pas* dans le passé. Elle se produisait à nouveau. Le "je" pensant, directeur, n'y avait aucune part. De même, mon corps tremblant échappait à mon contrôle même si, après quelque temps, il semble que je sois devenue capable d'attendre que cela passe, d'observer mes membres frissonnants en train de retrouver lentement leur calme. Manifestement, il y a là une déconnexion, une déconnexion qu'il conviendrait de qualifier de neurobiologique. Le propranolol servait à fermer la porte à la tempête que fait se lever en moi un déclencheur – la mort, mon père, un public. Mais mon discours intérieur, ma lutte pour maîtriser les tremblements et rester calme m'ont-ils aidée à la dominer avant que le propranolol ne vienne à la rescousse ?

Louria soutient que la parole facilite "le passage de la sensation à la pensée, [...] la création de nouveaux systèmes fonctionnels. Non seulement le mot désigne les objets du monde extérieur, mais il dégage leurs propriétés essentielles et les inclut dans un système de relation avec les autres objets. Grâce au langage, l'homme se montre en état d'évoquer l'image de l'objet[56]." La célèbre histoire du *fort/da* évoquée par Freud à propos de son petit-fils dans *Au-delà du principe de plaisir* illustre bien cette thèse. Le petit garçon jouait à faire apparaître et disparaître une bobine de bois attachée à une ficelle. Il la lançait en disant *fort*, "partie !", et la ramenait en disant joyeusement *da*, "là !". Freud interprétait le jeu comme une façon pour l'enfant de maîtriser absence et présence, les allées et venues de sa mère[57]. Lacan devait par la suite insister sur l'aspect linguistique ou symbolique du jeu, de l'usage fait des mots afin d'obtenir le contrôle de ce qui manque. Nous utilisons des symboles, et ces symboles nous confèrent un pouvoir sur ce qui n'est plus là ou est encore à venir. Nous organisons le passé en souvenirs autobiographiques explicites, ce qu'Antonio Damasio a appelé "le moi autobiographique" ; des fragments sont réunis en un récit, lequel, à son tour, confère une forme à ce que nous attendons de l'avenir. Il ne peut exister de moi autobiographique sans le langage.

C'est Bertha Pappenheim, la fameuse patiente hystérique de Breuer connue sous le nom d'Anna O., qui a forgé – en anglais – l'expression *talking cure* (guérison par la parole). Après avoir, pendant quelque temps, paru perdre la capacité de parler dans sa langue maternelle, elle était passée à l'anglais. Elle présentait "une armée de symptômes hystériques" : toux, paralysie, anesthésie et contractures. Elle souffrait aussi de ce que Charcot et Janet, ainsi que Freud et Breuer, appelaient la "double conscience" : elle sentait en elle deux moi, l'un "psychiquement tout à fait normal", selon Breuer, et l'autre qu'elle-même appelait "le mauvais". Voici ce qu'il rapporte : "Comme le disait la patiente, un observateur pénétrant et tranquille, spectateur de toutes ces extravagances [...] restait, même pendant les plus mauvais moments, tapi dans un coin de son cerveau[58]." L'interprète était présent. Il était seulement impuissant à juguler le démon.

Breuer note que la toux hystérique de sa patiente s'était déclarée alors que, assise au chevet du lit de son père bien-aimé, elle avait entendu de la musique venant de la maison voisine. La musique avait éveillé en elle un regret de ne pas se trouver en telle joyeuse compagnie et, par la suite, chaque fois qu'elle entendait de la musique "très rythmée", elle réagissait par une *toux nerveuse*[59]. Le médecin avait-il raison ? La musique déclenchait-elle un souvenir implicite du père mourant de Pappenheim et les remords qu'elle éprouvait d'avoir souhaité le quitter pour se joindre aux autres jeunes gens qui étaient libres de danser jusqu'à la nuit ? Peut-on jamais vraiment savoir ? Parler peut-il délivrer quelqu'un de ses symptômes ? Debout devant cet arbre, j'ai regardé la petite plaque posée à son pied et j'y ai lu les dates de naissance et de mort de mon père. Etait-ce cela, ma musique ?

Dans *Le Moi et le Ça* (1923), Freud écrit : "La question : comment quelque chose devient-il conscient ? s'énonce donc de façon plus appropriée : comment quelque chose devient-il préconscient ? Et la réponse serait : par mise en liaison avec les représentations de mot correspondantes." Lesquelles sont, dit-il, des "restes mnémiques". Sans nier la participation de l'imagerie visuelle au monde mental mémorisé, il affirme que son caractère est différent, que, "pour les relations qui caractérisent particulièrement la pensée, une expression visuelle ne peut être donnée. Le penser en images n'est donc qu'un devenir-conscient très imparfait. Il se trouve aussi d'une certaine manière plus proche des processus inconscients que le penser en mots et est indubitablement plus ancien que celui-ci, onto- comme phylogénétiquement[60]." Je suis frappée de voir à quel point la distinction que fait Freud entre le visuo-spatial et l'audio-verbal concorde avec les découvertes glanées à partir de cas de disconnexion calleuse. Les recherches de Louria éclairent également la différence entre le visuel et le verbal. Grâce à son apprentissage du langage, le jumeau A acquit la mobilité de pensée qui accompagne la présentation de mots mémorisés décrite par Freud, tandis que le jumeau B restait prisonnier du langage beaucoup plus concret et non fondé qu'il partageait avec son frère, et qui entravait le développement de son intelligence.

Certains souvenirs se laissent aisément rappeler à la conscience. D'autres sont devenus vagues ou n'apparaissent que par bribes. Je me souviens d'un geste – j'ai posé mes lunettes sur une table, mais laquelle ? Il m'arrive de descendre à la recherche de ces mêmes lunettes de lecture mais, au moment où j'arrive à destination, d'innombrables choses me sont passées par la tête et j'ai oublié ce que je voulais. Ce n'est qu'après être revenue sur mes pas – remontée à l'étage et retournée là où je me trouvais – que je me rappelle ce qu'était ma mission. Le souvenir ne revient que lorsque je répète le mouvement. Un jour, comme je regardais une ébréchure au bord de ma tasse de café, cela réveilla le souvenir d'un autre défaut affectant un autre récipient que j'étais certaine d'avoir vu récemment. Je n'aurais pu dire de quoi je me souvenais – conversation, tableau, passage d'un livre – quand, tout à coup, je reconnus que l'image venait d'un rêve dont le reste avait complètement disparu. Récemment, mon amie H. m'a rappelé une expérience désagréable mais non traumatique que j'ai vécue il y a de nombreuses années au cours d'un voyage que nous avons fait ensemble en Europe à l'âge de dix-huit ans. Nous nous trouvions à une réception. Je parlais avec un jeune homme dans l'une des pièces de l'appartement lorsque, sans crier gare, il se jeta sur moi. Je me débattis pour m'en débarrasser et nous prîmes la fuite, H. et moi. Il y avait des années que je n'avais plus pensé à ce bref épisode de brutalité et, aujourd'hui encore, le souvenir que j'en garde est morcelé et incohérent – vague réminiscence de lutte, peur et soulagement. A vrai dire, je n'aime pas particulièrement me rappeler cet événement. Il m'était totalement sorti de l'esprit jusqu'à ce que H. me le rappelle. Ce que Freud appelle le refoulement comprend des souvenirs qui demeurent inconscients parce que le patient n'a pas envie de les connaître mais que l'on peut faire remonter à la conscience grâce au processus analytique, la *talking cure*, qui permet au sujet, au "je", de se réapproprier l'expérience par la parole.

Les scientifiques établissent une distinction entre mémoire sémantique, procédurale et épisodique. La mémoire sémantique comprend une grande partie de ce que l'on connaît du monde, de la fragilité du verre aux idées de Kierkegaard sur l'esthétique, en passant par l'odeur nauséabonde des putois. La mémoire procédurale est implicite : je roule à vélo parce que mon corps a appris à le faire et que je n'ai plus besoin d'y réfléchir. Cela correspond au *schéma corporel* de Merleau-Ponty et au *body schema* de Gallagher. La mémoire épisodique, elle, est explicite. Elle appartient à un "je" conscient de soi. Il s'agit, littéralement, d'une *re*-mémorisation, un acte consistant à ramener au présent de la conscience des morceaux du passé, lequel, dans une large mesure, revêt une forme linguistique, autoréflexive, et qui, dès lors, me confère la possibilité non seulement de me voir en moi-même mais aussi de me considérer comme à distance – à la manière dont autrui pourrait me voir. C'est ainsi que je peux me demander, à l'instar de David Copperfield dans la première phrase du roman de Charles Dickens qui porte son nom : "Deviendrai-je le héros de ma propre histoire, ou ce rôle reviendra-t-il à quelqu'un d'autre, cette histoire doit le révéler[61]."

Dans mon travail avec des patients en psychiatrie, je me suis souvent servie d'un livre du poète et artiste visuel Joe Brainard intitulé *I Remember, je me souviens*. Ce mince mais extraordinaire ouvrage est un catalogue des souvenirs de l'auteur. Chaque article commence par les mots "Je me souviens" :

> Je me souviens de n'avoir jamais pleuré devant les gens.
>
> Je me souviens de mon embarras quand d'autres enfants pleuraient.
>
> Je me souviens du premier prix que j'aie jamais gagné pour une peinture. Elle représentait une nativité. Je me souviens d'une très grande étoile au ciel. J'ai gagné le ruban bleu à la fête de l'école.
>
> Je me souviens quand j'ai commencé à fumer, j'ai écrit à mes parents pour le leur dire. Ils n'ont jamais fait allusion à la lettre et j'ai continué à fumer[62].

Quand nous écrivons nos propres "je me souviens", les patients et moi, il se produit une chose remarquable. Le seul fait d'écrire les mots *Je me souviens* suscite des souvenirs, en général des images extrêmement spécifiques ou des événements du passé auxquels, bien souvent, nous n'avons plus pensé depuis des années. Ecrire les mots *Je me souviens* déclenche une activité à la fois motrice et cognitive. En général, je ne sais pas, quand je commence la phrase, comment je vais la finir, mais une fois que le mot *souviens* figure sur la page, une idée m'apparaît. Un souvenir en amène souvent un autre. Une chaîne d'associations s'engage :

> Je me souviens du temps où je croyais avoir de vilains genoux.
>
> Je me souviens de l'homme qui m'a dit que mes genoux étaient beaux.
>
> Je me souviens qu'après cela, je ne les ai plus jamais trouvés laids.

Ma main bouge pour écrire, mémoire procédurale corporelle de savoir-faire inconscient, qui évoque la vague impression ou sensation de l'émergence dans la conscience d'une image ou d'un événement du passé. La mémoire épisodique intervient ensuite, se structurant avec une étonnante immédiateté. Si infimes, comiques ou tristes que puissent être leurs souvenirs, les participants à ma classe d'écriture prennent inévitablement plaisir à extraire de leurs gisements mentaux des petites pépites d'or. Les souvenirs les plus frappants surgissent, apparemment de nulle part. Il n'y a pas de thème imposé.

Tous les souvenirs sont les bienvenus. Après cet exercice, beaucoup de mes élèves quittent la classe en proie à la stupéfaction. “Je n’y avais plus pensé depuis des années”, disent-ils, ou : “j’avais complètement oublié le chat à trois pattes de l’oncle Fred jusqu’à aujourd’hui.” Parce que l’émotion consolide la mémoire, il est rare que les réminiscences soient neutres – elles sont le plus souvent pétries de toutes les subtilités du sentiment. Sous sa forme écrite, une incantation telle que *Je me souviens* joue, en tant que catalyseur, un rôle primordial. Je revendique ce qui est à venir. Ceci m’appartient et, même s’il est difficile d’expliquer comment ces remémorations viennent de profondeurs cachées émerger à la lumière du jour, elles appartiennent, dès lors qu’advenues, à celui qui écrit et, pour un patient en psychiatrie traité dans un hôpital, pour quelqu’un qui, souvent, est accablé par une maladie à cause de laquelle il lui est difficile d’intégrer les différents morceaux de lui-même, qui a l’impression de se désagréger, les mots *Je me souviens* sont en eux-mêmes thérapeutiques. Il semble qu’ils amorcent un souvenir inscrit, bref et cohérent. Joe Brainard a découvert une machine à mémoire.

Il semble que le fait d’écrire *Je me souviens* fonctionne différemment du simple fait de le dire. J’ai été intriguée de rencontrer, dans un article publié dans *Brain* en 1994, le cas d’un garçon de treize ans, identifié sous le pseudonyme de Neil. Après avoir subi une radiothérapie pour une tumeur invasive au cerveau, Neil continua de parler couramment mais son aptitude à la lecture se détériora peu à peu durant une période de deux ans jusqu'à ce que son alexie devînt totale : il ne pouvait plus lire du tout. Affecté de problèmes de vision, il éprouvait de plus en plus de difficulté à nommer des objets familiers et à reconnaître des visages et, bien qu'il conservât des souvenirs détaillés de sa vie d'avant la tumeur et le traitement, il devint incapable de se rappeler sa vie d'après. Comme l'un des chercheurs l'interrogeait à propos de ses trous de mémoire quotidiens, Neil répondit : "Si je pose une question au professeur, le temps de sa réponse suffit pour que j'aie oublié ce que je lui ai demandé." Il était capable, toutefois, de dessiner avec soin des représentations compliquées d'objets et de scènes, dont certaines étaient reproduites dans l'article – un arbre de Noël, un lapin dans un jardin, une bouteille de jus de fruits et un tire-bouchon – bien qu'il ne pût les identifier. Il devint évident au bout d'un certain temps que, si Neil n'avait de son univers aucun souvenir dont il pût *parler*, il pouvait se rappeler ce qui lui était arrivé quand il l'*écrivait*, en dépit du fait qu'il était incapable de se rappeler ou de relire ce qu'il avait écrit. Sa mémoire semblait n'exister que dans un rapport cerveau-main. Par exemple, en réponse à sa mère qui lui demandait ce qu'il avait fait à l'école ce jour-là, il écrivit pour elle : "Aujourd'hui à l'école j'ai vu le film *Mon pied gauche (My Left Foot)*. J'ai aussi eu géographie. J'ai vu [nom du professeur] et il était très content. Mlle [nom du professeur] va nous donner une liste d'activités pour les vacances." Comme sa mère lui demandait si le film lui avait plu, il répondit : “Quel film ?” Les auteurs de l’article avaient également observé qu’en écrivant Neil faisait preuve d’une plus grande capacité de retrouver des souvenirs significatifs – ses expériences avec des amis et sa famille – qu’à l’aide des quelconques listes de mots que lui soumettaient les chercheurs pour le tester. La mémoire postmorbide exclusivement graphique de Neil était améliorée par l’émotion, ainsi qu’il en est pour nous tous qui sommes dotés d’une capacité normale à nous rappeler les événements. Tandis que je trace les mots *Je me souviens*, ma main bouge et cette action à elle seule semble déclencher le souvenir. Lorsqu’il traçait les lettres sur une page, Neil était capable d’écrire ce que le reste de lui avait oublié. Le Neil qui parlait était amnésique. Sa main qui écrivait ne l’était pas[63].

Les auteurs de cet article ne savent pas comment interpréter le cas de Neil. Ils disent bien que sa “performance” ressemble à “l’écriture automatique, un phénomène dissociatif qui fut jadis le sujet d’une étude intensive en psychologie tant expérimentale que clinique[64]”. Ils omettent de dire que l’écriture automatique fut à la fois considérée comme un symptôme spontané et utilisée en tant que thérapie de l’hystérie. Janet appliqua cette technique à des patients hypnotisés afin de faire apparaître des récits traumatiques qui s’étaient dissociés de leurs consciences. Il avait pour théorie que l’incapacité où se trouvaient de tels patients d’intégrer le matériel sensoriel qui les avait bombardés générait une dissociation de leurs processus sensorimoteurs. Quand il suggéra qu'ils écrivent sous hypnose, les récits qu'ils produisirent spontanément les aidèrent à prendre conscience de ce qui avait été enfoui. Les lésions cérébrales de Neil avaient provoqué une scission – sa conscience ne possédait pas ce que sa main semblait se rappeler en écrivant. Les auteurs font également état d'une étude datant de 1986, concernant deux "patients neuropsychiatriques" atteints d'une épilepsie du lobe temporal et de troubles affectifs, qui rédigèrent sans s'en rendre compte des pages de texte. Il est certain qu'il existe un rapport entre ces phénomènes. La question, c'est : lequel ? Et pourquoi les chercheurs, qui semblent au fait des commencements de l'histoire médicale, se montrent-ils si réticents à en discuter ?

L'écriture automatique a fait l'objet d'études poussées à la fin du XIXe et au début du XXe siècle. Dans l'ouvrage consacré à la psychopathologie de l'hystérie qu'il a publié en 1913, Charles D. Fox décrit le phénomène (dans une prose qui nous rappelle que le jargon n'a rien de nouveau en médecine) :

> Afin que l'écriture automatique puisse advenir, il doit y avoir coexistence entre une dissociation de la conscience et l'élimination hors du champ de la conscience de l'extrémité dont le fonctionnement est automatique. Non seulement les fonctions motrices sont dissociées mais, d'ordinaire, le membre entier est élidé de la conscience, ce dont

> il résulte que les impressions sensorielles originaires de ce côté ne sont pas consciemment perçues[65].

Bien que les auteurs de l'article paru dans *Brain* affirment que le cas de Neil est sans précédent, ce qui peut être vrai, il existe un cas célèbre qui n'est pas sans rapport : celui de Zazetsky, un patient de Louria auquel le neurologue a consacré un livre : *L'Homme dont le monde volait en éclats*. A la suite d'une blessure grave, reçue au cours de la Seconde Guerre mondiale, qui avait endommagé la région occipito-pariétale gauche de son cerveau, Zazetsky s'était retrouvé atteint de sérieux déficits spatiaux et cognitifs. Comme Neil, il pouvait parler et répéter des mots, mais il ne se souvenait ni de son nom, ni de son adresse, ni des mots désignant les objets qui l'entouraient. Avec sagesse, il identifiait ce qui avait disparu comme étant le "discours de la mémoire". Au bout de deux mois d'hôpital, il commença lentement à se rappeler des fragments de son passé, son nom, son adresse postale et d'autres mots encore :

> J'écoutais tout ce qui se disait autour de moi : les chansons, les récits et les conversations qui remplissaient petit à petit mon cerveau… la rétention puis la restitution des mots en dépit de leur mobilité intervenaient dans la constitution de ma réflexion, dans la constitution de mes pensées.
> Au début, je ne pouvais pas trouver les termes nécessaires à la rédaction d'une lettre. Mais j'ai fini

par me décider à en écrire une destinée aux miens, et je l'ai rédigée rapidement (c'était juste un petit mot). *J'étais incapable de la relire* mais je ne souhaitais guère en montrer le contenu à mes compagnons. Alors, pour éviter de me perturber davantage, je cachetai l'enveloppe, j'écrivis l'adresse de mes proches et je la portai moi-même à la poste[66]. [Les italiques sont de moi.]

Zazetsky aurait toute sa vie de terribles difficultés à lire ainsi qu'à comprendre ce qu'il avait écrit, mais il pouvait écrire et lorsqu'il écrivait il se souvenait, surtout s'il ne levait pas de la page sa main qui écrivait. Dans ses volumineux cahiers, Zazetsky ne s'est pas borné à décrire les épreuves résultant des ravages subis par son cerveau, il a aussi récupéré non sans mal tous les souvenirs qu'il parvenait à extraire de sa conscience éparpillée. En dépit de ses infirmités, c'était un homme qui conservait un sentiment suprême de conscience de soi, un "je" labile et pensant. Les extraits des cahiers de Zazetsky révèlent une personnalité remarquable. Plein de curiosité intellectuelle, d'esprit d'analyse et de sensibilité à l'émotion, Zazetsky porte un témoignage décisif sur les pouvoirs étranges et manifestes de l'écriture en tant qu'instrument de mémoire.

Souvent, je me demande à quel point j'ai oublié. Sans doute des exercices quotidiens de *Je me souviens* m'aideraient-ils à recouvrer des bribes perdues de ma vie. Neil possédait, semblait-il, un système mnémique qui encodait et stockait toutes sortes de souvenirs quotidiens dans un “lieu” complètement distinct de sa conscience éveillée ordinaire, laquelle était gravement endommagée. Lecture et écriture ne vont-elles pas de pair ? Chez Neil comme chez Zazetsky, ces fonctions apparemment liées étaient séparées : l'une avait disparu ; l'autre demeurait. Est-ce à cause d'une déconnexion systémique que je tremble ? Deux fois, depuis l'avènement du propranolol dans ma vie, le tremblement m'a surprise à nouveau. En m'asseyant au moment de commencer une interview pour une émission de la télévision suédoise, je sentis naître le bourdonnement dans mes membres. Il ne m'était pas venu à l'esprit que j'aurais dû prendre un comprimé à titre préventif. Il s'agissait d'une petite chose tranquille – une journaliste et un caméraman. Ils s'étaient installés dans l'arrière-salle d'un restaurant. Je m'étais sentie sereine jusqu'au moment où ce diapason se mit à vibrer. J'empoignai les accoudoirs de mon siège en priant pour que cela ne vire pas à la crise en forme d'éruption spasmodique. Ce ne fut pas le cas, mais le fait qu'il n'y eût pas eu crise semblait relever de l'arbitraire, du caprice d'un inconnu. Une autre fois, j'eus le choc de ressentir le premier soupçon du tremblement alors que je me trouvais chez moi. J'ouvrais la bouche pour lire un petit texte que j'avais écrit à l'intention d'un jeune homme qui rassemblait, pour une émission de radio, des nouvelles ayant Berlin pour sujet. Je m'excusai et me précipitai vers l'armoire à pharmacie.

Qui sommes-nous, de toute façon ? Que sais-je réellement de moi-même ? Mon symptôme m'a emmenée de la Grèce antique à l'époque actuelle, en passant par quantité de théories et de réflexions bâties sur diverses manières de voir le monde. Qu'est-ce que le corps et qu'est-ce que l'esprit ? Chacun d'entre nous est-il un être singulier ou pluriel ? Comment nous souvenons-nous des choses et comment les oublions-nous ? Remonter la trace de ma pathologie prend l'allure d'une aventure au cœur de l'histoire de l'expérience et de la perception. Comment *lisons*-nous un symptôme ou une maladie ? Quel cadre donnons-nous à ce que nous observons ? Qu'est-ce qui se trouve à l'intérieur du cadre, et qu'est-ce qui tombe en dehors ? On ne pouvait pas scanner le cerveau des patients de Janet, mais on le pouvait dans le cas de Neil. L'imagerie cérébrale de Neil n'explique pas sa mémoire graphique dissociée. L'écriture automatique avait jadis sa place dans la théorie médicale. Aujourd'hui, c'est une exclue, une curiosité dont les chercheurs se détournent. Pourquoi ?

Bien qu'on s'intéresse un peu plus à Janet depuis quelque temps, son œuvre publiée est en grande partie épuisée depuis des années. D'un point de vue historique, la raison en est essentiellement l'hypnose. Le discrédit qui frappa l'hypnose à la fin du XIXe siècle causa aux réputations de Charcot, de Janet et d'autres qui en avaient fait usage sur leurs patients un dommage considérable. Cela ne va pas sans ironie car Charcot avait délivré l'hypnotisme de l'association avec le médecin autrichien Franz Anton Mesmer dont il était taxé. Un siècle avant Charcot, Mesmer avait fait sensation avec sa théorie du magnétisme animal, mais sa science avait ensuite été sainement rejetée par les sommités médicales. Charcot ne remit l'hypnotisme en pratique à la Salpêtrière qu'au détriment de l'héritage qui allait être le sien. L'une de ses erreurs consista dans l'affirmation que seuls les hystériques pouvaient être hypnotisés, conviction qui se révéla erronée. Selon les termes du médecin suédois Axel Munthe, "si l'allégation de l'école de la Salpêtrière selon laquelle seuls les sujets hystériques sont hypnotisables était fondée, cela signifierait qu'au moins quatre-vingt-cinq pour cent de l'humanité souffre d'hystérie[67]". Le fait que Charcot mît en scène de grands spectacles publics durant lesquels des patients hypnotisés interprétaient leur mal le gênait également. Charcot avait tendance à traiter ses patients comme des accessoires lui permettant de démontrer ses théories. En outre, ainsi que l'explique Georges Didi-Huberman dans son livre intitulé *Invention de l'hystérie*, l'usage que faisait Charcot de la photographie en tant qu'outil "objectif" pour rendre compte de la maladie abondait en déviations et manipulations sexuelles qui donnaient de l'hystérie une vision fondamentalement théâtrale, idée qui n'a jamais été abandonnée[68]. Dans le langage ordinaire, *hystérie* signifie encore "manifestation émotionnelle dramatique". Si, au début de sa carrière, Freud hypnotisait ses patients et leur présentait des suggestions, il admit ensuite qu'il ne le faisait pas bien et il mit un terme à cette pratique. Il lui convenait d'ailleurs de prendre ses distances par rapport à l'école française, qui était l'objet d'un feu roulant de critiques. On s'inquiète toujours du pouvoir que peuvent avoir les suggestions d'un médecin d'influencer et de façonner l'esprit de ses patients, qu'ils soient ou non sous hypnose. Cette crainte reste depuis Charcot la hantise de la psychanalyse, de la psychothérapie et de nombreuses formes de traitements psychiatriques. Encore qu'utilisant un langage différent, les querelles amères qui se livrent de nos jours à propos de la mémoire "récupérée" ou "fausse" constituent un prolongement de cette même controverse.

Quoi qu'il en soit, dans la conscience populaire, *hystérie* et *écriture automatique* sont désormais teintés de la coloration sépia de termes démodés, jadis utilisés par des médecins en redingote et haut-de-forme. Janet inspira aux poètes surréalistes français l'idée de se servir de l'écriture automatique afin de libérer la créativité de l'inconscient. Au XIXe siècle, le médium Hélène Smith pratiquait l'écriture automatique en état de transe et prétendait que les textes qui en résultaient étaient des communications de Martiens. La pratique a souffert de son association avec l'hypnose, la poésie et l'occultisme ainsi, sans nul doute, que du passage du temps. Nous sommes victimes de l'*hubris* de notre présent : la notion inconsidérée que nous entretenons d'un progrès perpétuel nous porte à croire que nous sommes sans cesse en train d'aller de l'avant et de devenir toujours meilleurs et de plus en plus intelligents.

Dans l'écriture automatique, on n'a pas le sentiment de maîtriser ce qu'on écrit. Je n'ai pas écrit ce texte ; il a été écrit pour moi. On pourrait qualifier ce phénomène de syndrome de la main écrivante étrangère. Néanmoins, l'impression que les mots sont dictés au scripteur plutôt que réellement composés ne disparaît pas dans le passé. De nombreux poètes, dont Blake et Yeats mais aussi des figures plus contemporaines, tels James Merrill et Theodore Roethke, ont eu l'impression que les vers leur étaient donnés par des esprits ou des morts ou, simplement, sous forme d'éclairs d'inspiration soudaine. Chez les écrivains, je dirais que la chose n'est pas extraordinaire mais assez commune. Quand j'écris de façon satisfaisante, je perds souvent toute impression de composer ; les phrases me viennent comme si je ne les avais pas voulues, comme si elles avaient été fabriquées par un autre. Ce n'est pas là mon mode d'écriture quotidien, qui comprend bien des grincements, des périodes pénibles de démarrage et de panne. Mais il m'arrive plusieurs fois, au cours de l'écriture d'un livre, de me sentir ainsi prise en charge, en général au cours des ultimes étapes. Je n'écris plus ; je suis écrite. Si j'avais un penchant pour les explications mystiques, je pourrais imaginer qu'un ange (ou un diable) a joué avec mes doigts sur le clavier. Ce qui m'intéresse, ce n'est pas de convoquer chérubins ou démons mais de donner une explication naturelle à quelque chose qui est devenu tabou dans la communauté scientifique. Qu'est-ce donc qui est à l'œuvre dans l'écriture automatique ? Une autosuggestion inconsciente ? Un texte incubé qui apparaît soudain sous la forme de mots ? Des souvenirs subliminaux reconfigurés et rendus conscients ? Il y a certainement une relation entre les cas neurologiques de Neil et de Zazetsky et les poètes possédés. Mais, pour les auteurs de *Brain*, l'écriture automatique est devenue "un phénomène dissociatif qui fut *jadis* le sujet d'une étude intensive en psychologie tant expérimentale que clinique" (les italiques sont de moi). Tel n'est plus le cas. Le savoir ne s'accumule pas toujours, il arrive aussi qu'il se perde. De précieuses intuitions sont rejetées en même temps que des erreurs patentes. Le cas de Neil devient un cas isolé.

Néanmoins, dans un manuel, *Psychiatric issues in Epilepsy (Considérations psychiatriques sur l'épilepsie)*, je vois qu'il est question de Janet dans une section intitulée "Pour une conceptualisation des crises non épileptiques". Et, incluse dans les interventions et traitements possibles, je trouve l'hypnose à côté d'autres thérapies. Les auteurs réaffirment une version un peu édulcorée de l'idée controversée de Charcot : "L'hypnotisabilité peut être une mesure de dissociabilité, et le degré d'hypnotisabilité peut être caractéristique de différents états psychopathologiques." En termes simples : plus on est facile à hypnotiser, plus on est susceptible de dissocier. En outre, les auteurs de ce livre racontent que des PET *scans* ont "suggéré un chevauchement neurophysiologique entre les symptômes de conversion et l'hypnose, ainsi que la découverte d'une augmentation de la circulation sanguine locale dans les deux cas, par exemple dans les régions orbitofrontale et cingulaire antérieure[69]". Donc, ainsi que l'avaient tous deux énoncé Charcot et Janet, l'hystérie pourrait relever d'une sorte d'autosuggestion ou d'autohypnose inconsciente. Selon ce manuel et les recherches qu'il cite, l'hypothèse neurologique de Charcot relative à l'hystérie n'était pas aussi aberrante qu'on l'a supposé.

Il me semble que parfois retourner en arrière signifie aller de l'avant. La quête de la femme qui tremble me fait tourner en rond car, tout compte fait, c'est aussi une quête de perspectives pouvant éclairer qui et ce qu'elle est. Ma seule certitude, c'est que je ne peux me satisfaire de l'observer par une seule fenêtre. Il me faut la voir sous tous les angles.

Les hystériques souffrent *principalement de réminiscences.* Quel est le rôle de la mémoire dans les cas de conversion ? Le DSM ne cite nommément ni Charcot, ni Janet, ni Freud, mais les auteurs font vaguement allusion au passé de la maladie : "Traditionnellement, le terme *conversion* est dérivé de l'hypothèse que les symptômes somatiques d'un individu représentent une résolution symbolique d'un conflit psychologique inconscient, en réduisant l'anxiété et en servant à maintenir le conflit en dehors de la conscience[70]." Remarquons qu'ils ne commentent pas la valeur de cette idée en tant que telle et ne mentionnent pas que la mémoire peut être impliquée. Cela reste étranger à la tâche du manuel. Ce qu'ils disent, c'est que l'apparition de symptômes en "étroite relation temporelle" avec "un conflit ou un facteur de stress" peut aider au diagnostic. Ils notent aussi : "Les troubles de la conversion paraissent plus fréquents chez les femmes que chez les hommes, dans des proportions variant de 2 à 10 pour 1[71]." Sans doute auraient-ils dû ajouter *dans les populations civiles*.

Voilà longtemps que paralysies inexplicables, crises nerveuses, cécité, mutisme, aphasie et surdité ont été observés chez des militaires qui, jusqu'il y a peu, étaient exclusivement des hommes. Le plus grand nombre de cas signalés le fut durant et après la Première Guerre mondiale, où les victimes d'obusite étaient légion. La vie dans les tranchées était une atrocité. Les soldats étaient immobilisés. Terrés dans leurs trous longs et étroits, ils savaient qu'ils risquaient à tout moment d'être pulvérisés. D'un cas de conversion à l'autre, et les reliant entre eux, circule le thème du sentiment de vulnérabilité et d'impuissance dont souffrent les victimes de cette affection. Les événements les dépassent. Ils ne contrôlent rien. Quand les soldats furent autorisés à sortir des tranchées et se sentirent moins pris au piège, l'incidence d'obusite diminua de façon considérable[72]. C. S. Myers a décrit un exemple classique d'hystérie provoquée par la guerre : un soldat anglais se trouvait dans une tranchée avec trois autres hommes quand un obus tomba, tuant sur le coup deux de ses camarades et le précipitant ainsi que l'autre survivant à l'autre bout de la tranchée. Bien qu'il ne présentât aucune blessure visible, il ne pouvait ni se tenir debout ni s'exprimer de manière cohérente. A l'hôpital de campagne, il sombra dans une stupeur qui dura dix-sept jours et dont il s'éveilla en criant : "Ils remettent ça. Tu as vu celui-là, Jim ?" Il retomba alors dans sa stupeur et, lorsqu'il revint à lui, il était sourd et muet. Revenu en Angleterre, il vécut dans cet état "jusqu'à ce qu'un jour il fasse une crise hystérique convulsive, après quoi il cria des ordres tels qu'on en donnait dans les tranchées et, là-dessus, il récupéra l'ouïe et la parole[73]".

Le neuropsychiatre Edwin Weinstein a écrit sur les cas de conversion chez les soldats américains de la guerre de Sécession à celle du Viêtnam. Durant la guerre de Sécession, assure Weinstein, "un nombre considérable des 23 % de réformés pour épilepsie et des 28,3 % de réformés pour paralysie impliquaient des problèmes de conversion[74]". La raison qu'il invoque est simple : beaucoup de ces réformés rentraient chez eux et guérissaient complètement. Hystérie et guerre vont ensemble. Le problème est un problème de vocabulaire, et de magie nominative. Si on lui donne un autre nom, la *chose* semble en être une autre. Les médecins militaires répugnaient à diagnostiquer chez leurs hommes une maladie qui avait toujours été associée aux femmes. Comment des combattants auraient-ils pu être hystériques ? En outre, ainsi que nous l'avons vu, l'histoire médicale évolue et beaucoup de médecins, voire la plupart, ne se sont pas approprié ce qui a précédé les schémas de diagnostic qui leur sont contemporains. Ils sont incapables d'établir des parallèles avec le passé. Un cas plus récent, dans une étude israélienne, met cette difficulté en évidence : les chercheurs ont analysé trente-quatre cas de patients admis dans leur service et chez lesquels on avait diagnostiqué une "paralysie due à un trouble de conversion". En 1973, un officier possédant "une expérience considérable du champ de bataille" fut blessé lorsque son véhicule blindé heurta une mine. Il fut admis en neurochirurgie, pleinement conscient mais incapable de remuer les jambes. Un scanner ne révéla aucune explication de la paralysie et l'on remarqua que, pendant qu'il dormait, ses membres inférieurs semblaient plus mobiles. L'état du patient s'améliora, il fut transféré en psychiatrie et, après trois semaines de thérapie, il quitta l'hôpital libéré de ses symptômes.

Le diagnostic qui lui fut appliqué fut "réaction de conversion résultant d'un syndrome psychotraumatique, en anglais PTSD *(post-traumatic stress disorder)*[75]". Ce diagnostic est troublant. Les symptômes hystériques de cet homme sont ici subsumés sous le syndrome psychotraumatique, bien qu'il ait manifesté uniquement des signes de conversion. Pourquoi ? Il se pourrait qu'après son admission en psychiatrie, ses médecins aient découvert d'autres symptômes (encore qu'il n'en soit pas fait état, seulement de sa guérison régulière) ou, simplement, que ses états de service leur aient suggéré ce diagnostic. Le DSM ne mentionne pas la conversion comme faisant partie du syndrome psychotraumatique, en dépit de l'abondante littérature qui la lie au traumatisme. Les auteurs déclarent que, "si le symptôme recoupe les critères d'un autre trouble mental (par exemple psychose brève, conversion, état dépressif majeur), ces diagnostics devraient être posés au lieu de, ou en plus de, celui de syndrome psychotraumatique[76]". Sur une femme comme Justine Etchevery, qui avait été victime d'une agression sexuelle, de brûlures graves et de deux maladies quasi mortelles, porterait-on aujourd'hui le diagnostic de conversion résultant d'un syndrome psychotraumatique ? Le diagnostic établi quant à l'officier israélien relevait-il essentiellement de l'association, de la relation ajoutée : qui dit ancien combattant dit syndrome psychotraumatique ? La forte association du syndrome psychotraumatique avec la guerre lui confère-t-elle une dignité que la conversion ne pourrait posséder car elle a toujours été, et est encore, associée aux femmes ?

Pendant la guerre du Viêtnam, PTSD devint l'abréviation de référence englobant les nombreux symptômes traumatiques que conservèrent les soldats après la guerre. Toute guerre semble réclamer sa propre appellation. *Soldier's heart* (syndrome de Da Costa), *shell-shock* (obusite), *battle fatigue* (fatigue du combattant), *war neurosis* et *Kriegsnervose* (névrose de guerre) sont autant de variantes sur le thème du traumatisme psychologique engendré par les horreurs du combat. De toute évidence, la mémoire joue un rôle important dans l'existence des soldats souffrant de conversion. Souvenirs intolérables. Souvenirs indésirables. Réalités indésirables. Refoulement. Souvenirs et idées inconscients.

Jusqu'où la science est-elle allée dans la compréhension de ce qui se passe chez les individus présentant des symptômes psychogéniques – symptômes de toutes sortes qui ne correspondent pas aux diagnostics neurologiques ordinaires ? Dans leur article paru en 2006 dans *Neurology* et intitulé "Conversion disorders and fMRI*", Trevor H. Hurwitz et James W. Pritchard examinent une récente étude de l'hystérie réalisée à partir de scanners du cerveau. A la fin de leur discussion, ils remontent de cent trente ans dans le passé, jusqu'au médecin anglais J. Russell Reynolds "qui décrivit la paralysie et d'autres troubles moteurs et sensoriels ayant pour origine «une idée qui devrait prendre possession de l'esprit et mener à son propre accomplissement»". Ils poursuivent en "reformulant" ce propos en termes contemporains : "les réactions de conversion sont des convictions arrêtées de dysfonctionnement somatique, nées d'une douleur psychologique, qui agissent sur les trajets corticaux et subcorticaux, entraînant des schémas de perte ou de gain de fonctions qui ne sont pas organiques au sens conventionnel[77]." En 1869, en Angleterre, à l'occasion d'une

* "Troubles de conversion et IRMf". *(N.d.T.)*

conférence de la British Medical Association, Jean Martin Charcot assistait à la présentation par Reynolds de l'article que citent Hurwitz et Pritchard, et les propos du médecin anglais exercèrent sur le neurologue français une forte influence à laquelle il rendit des hommages fréquents et qu'il continua de développer[78]. "Conviction arrêtée" est très proche d'"idée fixe", le terme utilisé par Janet. Charcot, Janet et Freud savaient aussi que l'hystérie n'est pas biologique au sens conventionnel. Dans la mesure où je suis à même d'en juger à partir du grand nombre d'études et d'articles que j'ai pu dénicher, les idées scientifiques concernant l'hystérie n'ont pas progressé d'un iota depuis les travaux de ces médecins de la fin du XIXe et du début du XXe siècle, ce qu'expriment comme suit les deux auteurs d'un autre article sur la conversion et la neuro-imagerie : "Toutefois, la question du mode de transmutation de processus psychologiques particuliers en neurobiologie n'a pas encore de réponse[79]." N'était-ce pas là, précisément, la question de Freud, celle à laquelle il espérait répondre dans son *Projet de psychologie scientifique*, en 1895 ?

Il est généralement admis que les "facteurs de stress psychologiques" jouent un rôle dans les symptômes d'affections psychogéniques et, aujourd'hui, l'imagerie cérébrale apporte la preuve de la présence de modifications neurales dans des zones probables du cerveau, mais on manque d'une plus ample explication. Que signifie l'expression de Hurwitz et Pritchard "pas organique au sens conventionnel" ?

Elle paraît vraie, mais floue. On s'est servi du mot *organique* pour désigner des affections qui ont une cause connue, lorsqu'on peut voir et mesurer l'activité cérébrale pendant une crise d'épilepsie, par exemple, ou lorsqu'on peut attribuer la cécité à une lésion cérébrale, mais *pas* pour les autres. La survenue de signes visibles de conversion dans le cerveau de certains sujets semble avoir plongé de nombreux chercheurs dans un vide théorique. Tout ce qui leur reste, c'est ce "quelque chose d'organique au sens *non conventionnel*".

L'opposition corps/esprit demeure une question si épineuse, une dualité à tel point incontestable qu'il est devenu presque impossible de réfléchir sans en tenir compte. C'est elle, après tout, qui est à l'origine de la distinction entre psychiatrie et neurologie : esprit malade ou cerveau malade. L'hystérie, autrefois du ressort de la neurologie, a été poussée vers la psychiatrie. Néanmoins, de l'avis général, la plupart des personnes souffrant de conversion se présentent d'abord à des neurologues parce qu'elles semblent avoir des problèmes neurologiques. Ici encore, il s'agit de la perception et de ses cadres, ces fenêtres spécialisées qui réduisent le champ de vision. Sans catégories, nous ne distinguons rien. La science doit contrôler et limiter ses fenêtres, sans quoi elle ne découvrira rien. En même temps, elle a besoin de pensées directrices et d'interprétations, sinon ses trouvailles resteront dépourvues de sens. Mais quand les chercheurs sont prisonniers de cadres préconçus qui ne laissent guère de place à la circulation de l'air, la science imaginative étouffe. Les études portant sur la conversion sont souvent de portée limitée, car il est malaisé de rassembler des individus présentant les mêmes symptômes et, dans la mesure où on les décrit, les cas sont en général expédiés en quelques lignes, comme on le voit pour une autre des sept personnes qui ont fait l'objet de l'étude publiée dans *Brain* :

> Patiente : V. A. Femme, cinquante et un ans, droitière, divorcée, dont le fils est mort d'une maladie cardiaque un an avant cette étude. Lourdeur, faiblesse et perte de dextérité des membres droits après que son nouveau compagnon a fait un infarctus du myocarde alors qu'il était soupçonné à tort d'avoir abusé d'une adolescente. Ne se plaint pas de troubles sensoriels[80].

Pauvre V. A. Imaginez la douleur de perdre un enfant à cause d'un problème cardiaque et puis de devenir amoureuse d'un homme qui fait une crise *cardiaque* après avoir été *injustement* soupçonné d'avoir attenté à la pudeur d'une jeune fille. Elle a subi trop de coups dans la région du cœur : le sien et celui des gens qu'elle aimait. Le cœur est le lieu métaphorique de l'amour, après tout. Elle est tombée malade d'un cœur brisé. Les mots "alors que" suggèrent une longue enquête que le couple aurait eu à supporter, un pesant nuage noir sous lequel ils s'éveillaient chaque matin et allaient se coucher chaque soir. Dans la plupart des cas, l'hystérie ne se présente pas sous forme de folie. De même que de nombreux patients en psychiatrie, ces gens ont été soumis à des facteurs de stress répétés, mais ils ne font pas de crise psychotique, ils ne s'en vont pas hurler dans les rues. Ils ne sont pas paralysés par la dépression. Leurs symptômes sont une expression métaphorique de ce qu'ils ne peuvent dire : *C'est trop. Je n'en peux plus. Si je manifeste réellement ma douleur et ma tristesse, je m'effondre en mille morceaux*. J'ai souvent pensé aux phrases écrites par D. W. Winnicott, un psychanalyste et pédiatre anglais : "Se réfugier dans la normalité, ce n'est pas la santé. La santé tolère la mauvaise santé ; à vrai dire, la santé gagne énormément à se trouver en contact avec la mauvaise santé sous tous ses aspects[81]." Je comprends cela comme signifiant que la santé peut tolérer un certain degré de désintégration. A un moment ou à un autre, il nous arrive à tous de tomber en morceaux et ce n'est pas nécessairement une mauvaise chose. Il est possible qu'un tel état d'unité brisée favorise une créativité souple et ouverte consubstantielle à la santé.

Dans cette étude où il était question de V. A. et de V. U., l'Algérienne qui avait fui son pays après l'assassinat des membres de sa famille, une découverte m'a énormément intéressée. "Il est remarquable, écrivent les auteurs, que les mêmes circuits prémoteurs [les circuits neuraux qui se sont révélés affectés chez les sept patients] sont eux aussi concernés par une négligence motrice unilatérale après un dommage neurologique organique, où l'usage volontaire d'un membre peut s'avérer impossible malgré l'absence d'une véritable paralysie et la présence de trajets sensorimoteurs primaires intacts[82]." Après une atteinte au lobe pariétal droit, certains patients souffrent de *négligence*. Ils ne remarquent plus le côté gauche de l'espace, y compris le côté gauche de leur propre corps. Par exemple, une personne affectée de ce problème ne coiffera que la moitié droite de sa chevelure, ne mangera que ce qui se trouve dans la moitié droite de son assiette et, si on lui demande de dessiner une fleur, n'en dessinera qu'une moitié – la moitié droite. Le côté gauche a cessé d'exister. L'hémi-akinésie est la forme motrice de la *négligence*. Un patient ne pourra pas se servir de son bras ou de sa jambe gauches alors que, d'un point de vue neurologique, ils devraient être capables de fonctionner. Il arrivait à une personne souffrant de cette affection de marcher à clochepied sur sa jambe droite tout en étant, à d'autres moments, capable de se servir de ses deux jambes[83]. La *négligence* est comprise en général comme un défaut d'attention, laquelle est considérée comme indispensable à la perception. Un côté du monde disparaît. Les personnes affectées de *négligence* nient parfois le fait qu'elles ont le bras gauche paralysé, par exemple, et si on le leur fait constater elles diront qu'il appartient à quelqu'un d'autre, le médecin ou une autre personne présente, plutôt que de le revendiquer comme le leur. C'est désormais un membre étranger. Les auteurs établissent un rapport entre les symptômes hystériques et l'hémi-akinésie parce que les mêmes zones prémotrices du cerveau semblent impliquées. L'idée que des affections organiques et non organiques (au sens conventionnel) pourraient se refléter mutuellement au plan neurobiologique leur paraît remarquable.

Des lésions affectant l'hémisphère droit ont souvent pour résultat les syndromes dont j'ai parlé plus haut : négation de la maladie, anosognosie, ou ce que les neurologues nomment *anosodiaphorie*, l'admission de la maladie mais sans inquiétude : la "belle indifférence" de Janet, telle que nous l'avons vue chez Lizzy, la patiente de Todd Feinberg, qui semblait ne pas se soucier de sa cécité même lorsqu'elle l'admettait, et la *négligence*. Chose étrange et pourtant vraie : si l'on verse de l'eau froide dans l'oreille gauche d'une personne atteinte de *négligence*, l'anasognosie disparaît. Une patiente de V. S. Ramachandran n'admettait pas qu'elle était paralysée du côté gauche et que son bras gauche n'était effectivement bon à rien. Mme M. affirmait qu'elle allait bien, qu'elle pouvait marcher et se servir de ses deux mains et, quand on l'obligeait à regarder sa main gauche inerte, prétendait que c'était celle de son fils[84]. Après que son médecin lui eut versé de l'eau glacée dans l'oreille, elle admit spontanément sa paralysie et reconnut que son corps était dans cet état depuis qu'elle avait eu une attaque. Ramachandran avoua que le fait d'être témoin de ce phénomène lui avait, pour la première fois, fait prendre au sérieux la théorie de Freud sur le refoulement. Il était évident qu'à un niveau inconscient Mme M.

savait qu'elle était paralysée, mais qu'à un niveau conscient elle ne *voulait* pas le savoir.

Karen Kaplan-Solms et Mark Solms citent l'expérience de Ramachandran dans leur livre intitulé *Clinical Studies in Neuro-Psychoanalysis (Etudes cliniques de neuropsychanalyse)*. Un chapitre y est consacré à cinq patients souffrant de lésions à l'hémisphère droit. Chacun d'entre eux subit un traitement neurologique, mais suivit également une psychothérapie. Bien que leurs lésions ne fussent pas sans points communs (toutes affectaient la zone périsylvienne droite), leurs réactions respectives aux lésions différaient. Tous manifestaient néanmoins des formes diverses de refoulement et étaient dans le déni de la mauvaise nouvelle selon laquelle ils n'étaient plus ce qu'ils avaient été. Leurs réactions contrastent vivement avec celles de Zazetsky, dont l'hémisphère gauche était endommagé et qui conservait, depuis le début, une conscience aiguë et douloureuse de ce qu'il avait perdu. Il ne refoulait rien. Neil, lui aussi, comprenait qu'il oubliait et savait bien qu'à la suite de sa tumeur et de sa radiothérapie, il avait changé. On en conclurait aisément que les lésions du côté droit entraînent, chez les intéressés, une incapacité à savoir ce qui les affecte. Les auteurs ne sont pourtant pas de cet avis : "Ces patients sont en effet sans cesse en train d'encoder des informations concernant leurs corps déficients et, à un niveau très profond, ils ont en vérité connaissance de leurs handicaps et de leurs implications émotionnelles. Tout ce qui leur manque, c'est la capacité – ou, ainsi que nous le suggérons, le désir – d'être attentifs à cette connaissance, de la laisser accéder à la conscience." Ou, pour paraphraser Janet, *en réalité, ce qui a disparu, c'est la faculté pour le sujet de dire clairement : "c'est moi qui ressens, c'est moi qui entends."* C'est moi qui suis malade. C'est moi qui me souviens.

L'un de ces patients, M. D., avait fait une hémorragie cérébrale, dont il s'était remis de façon impressionnante. Il gardait de légères déficiences du côté gauche, concentrées pour la plupart en une main gauche maladroite et sujette à des soubresauts involontaires. Les auteurs font remarquer que, si M. D. avait pendant quelque temps, après l'hémorragie, nié sa maladie et négligé son côté gauche, ces symptômes avaient disparu. Ils avaient cédé la place à une haine violente de M. D. pour sa main gauche. "J'écraserai cette main en mille morceaux et j'enverrai les morceaux au chirurgien, un à la fois, dans des enveloppes." Le commentaire des auteurs est le suivant : "A un moment donné, M. D. déclara bel et bien avoir l'impression que cette main ne lui appartenait pas. La main représentait donc une partie de lui-même qu'il avait à la fois *perdue* et *désavouée*. Une analyse de ses attitudes à cet égard a suggéré que, en réalité, il tentait de transformer l'expérience *passive* de la perte de sa main en une expérience *active* de désaveu[85]." Plutôt que de négliger la main déficiente, de ne pas admettre sa présence ni le fait qu'elle lui appartînt, il voulait l'expulser de son "je", refuser d'accepter qu'elle fît partie de lui.

Chez quelques-uns des autres patients étudiés par Kaplan-Solms et Solms, on observait à la fois la négation du mal et la "belle indifférence" mais, au cours des séances, leur analyste remarqua que l'attitude blasée de ses patients s'atténuait. Mme B., qui affirmait avoir pris son parti des handicaps qu'elle avait conservés après son attaque, était sujette à de violentes crises de larmes, qu'elle disait ne pas comprendre, mais quand on examina ce qui les catalysait – par exemple un bébé né sans membres, victime de la thalidomide – il était évident que c'étaient des rappels de ce qu'elle avait perdu. Son indifférence masquait ce qu'elle comprenait dans une autre région d'elle-même et servait de bouclier la protégeant de sentiments insupportables. Une autre femme, affectée de négligence, d'anosognosie et de multiples difficultés visuelles et spatiales, Mme A., expliquait sa profonde dépression en disant qu'elle ne cessait de "perdre des choses", des choses comme ses lunettes ou ses cigarettes. En présence de son analyste, elle associait cependant ces pertes de peu d'importance à d'autres beaucoup plus graves : la perte de son utérus par hystérectomie quand elle était encore une jeune femme, et la perte de son père dans son enfance. Elle est citée disant : "Je n'ai jamais pu faire le deuil de mon père[86]." Une perte en rappelle une autre et une autre encore. C'est trop. Il est beaucoup plus facile de se désoler pour des lunettes et des cigarettes égarées. Solms et Kaplan-Solms se servent de ces cas comme d'arguments contre certaines théories neurologiques spécifiques qui expliquent la négligence et l'anosognosie en affirmant que les lésions subies par des patients tels que les leurs entraînent une diminution de l'émotion ainsi qu'une réduction de la conscience que l'individu a de son corps et, par conséquent, une authentique incapacité *à quelque niveau que ce soit* de savoir à quel point les choses vont mal. Les cas étudiés suggèrent que ce n'est pas vrai, que ce qui se passe est beaucoup plus complexe.

Négligence et déni de maladie semblent redessiner les frontières du corps et libérer le "je" conscient de l'obligation de se soucier des *mauvais éléments*. M. D. essayait de se reconfigurer sans sa main défaillante, qu'il menaçait de couper et de remplacer par une prothèse mécanique. Dans les cas de conversion, en revanche, les patients semblent créer inconsciemment un membre défaillant ou une incapacité pouvant encaisser le coup à la place du "je", permettant à celui-ci d'aller son chemin sans encombre. Qu'en est-il des personnes affectées de négligence motrice, qui devraient pouvoir faire usage de leurs membres mais ne le font pas ? Et de ces patients souffrant de conversion, dont on pourrait penser qu'ils ont les mêmes possibilités fonctionnelles, puisque aucun dommage physiologique ne confirme leur problème, mais qui pourtant ne peuvent pas se servir de certaines parties de leur corps ? Pourquoi l'étude publiée dans *Brain* aurait-elle découvert des similarités subcorticales entre des cas d'hémi-akinésie et des cas de conversion se traduisant par une faiblesse ou une paralysie de certains membres ? La tomographie par émission de simples photons (TESP) révèle des anomalies des trajets sensoriels et moteurs qui correspondent directement aux symptômes hystériques. On sait que ces boucles ou circuits prémoteurs (qui impliquent les noyaux gris centraux et le thalamus) sont d'une importance capitale pour les mouvements *intentionnels*. Leur activation peut aussi faire partie d'un sentiment *subjectif* de mouvement *volontaire*. *Je* bouge. Stimulées directement, ces mêmes zones du cerveau peuvent déclencher des mouvements que le sujet a l'impression d'avoir voulus lui-même. (Bien entendu, on ignore comment cette subjectivité se développe réellement en termes neurologiques.) Et une personne affectée d'une lésion à la suite, disons, d'une attaque peut se retrouver atteinte d'hémi-akinésie et "oublier" qu'elle peut se servir de ses deux jambes pour marcher. Ce sont donc là des zones que l'on associe à la volonté motrice, à la maîtrise des mouvements. C'est moi, pas toi, qui remue ma main. Que ces zones soient impliquées à la fois dans la conversion et dans l'hémi-akinésie est logique parce qu'il existe, dans l'une comme dans l'autre, un dérèglement du sentiment de propriété subjective de telles ou telles parties du corps.

La manière exacte dont fonctionne ce sentiment de propriété de nos corps reste un mystère, ainsi que la nature exacte de la conscience et, assurément, la manière dont elle fonctionne et son utilité. Dans les années 1980, le neurologue Benjamin Libet réalisa plusieurs expériences qui démontrèrent, contrairement aux intuitions les plus profondes de la plupart des gens, que jusqu'à une demi-seconde avant que nous ne prenions la décision consciente de faire un geste, remuer un poignet ou un doigt, par exemple, le cerveau précède le mouvement d'un signal électrique appelé "potentiel de préparation", ou RP *(readiness potential)*, qui est mesurable. En bref, ses expériences ont suggéré que *le cerveau déclenche inconsciemment des actions volontaires*[87]. La controverse suscitée par ces découvertes a été formidable, c'est bien compréhensible. Neuroscientifiques, philosophes et autres citoyens concernés s'en sont tous mêlés. Ne serions-nous que des automates ? Le libre arbitre existe-t-il ? C'est là un débat très ancien, et l'espèce humaine est bien évidemment attachée à l'idée que nous avons le choix de nos actes. En 1748, Julien de la Mettrie soutenait, dans *L'Homme-Machine*, que les états de l'âme sont dépendants de ceux du corps et que les processus inconscients et involontaires ne peuvent être distingués des processus conscients et volontaires que parce que ceux-ci sont plus complexes[88]. Sommes-nous responsables de nos destinées ou croyons-nous seulement décider de nos propres actions ? Et quel est le mécanisme qui décide que nous décidons ? Libet s'alarma de sa découverte. Ses recherches l'amenèrent à postuler que, si nous ne pouvons pas décider volontairement de nos mouvements, nous pouvons les interdire ou les inhiber. En d'autres termes, il est possible que le libre arbitre fonctionne comme un grand Non. Non, je ne te frapperai pas, bien que j'en sente monter l'envie. Un très grand nombre de décisions morales entrent dans cette catégorie.

D'un autre côté, le libre arbitre n'est peut-être pas quelque chose qui doit être pleinement conscient. Notre schéma corporel, après tout, est en grande partie inconscient. Quand j'ouvre le réfrigérateur pour y prendre quelque chose à boire, le geste est d'un tel automatisme que j'y pense à peine, et ne le fais-je pas parce que j'ai soif ? Ai-je conscience de ma soif au sens où il me faudrait m'annoncer à moi-même : "Je suis maintenant consciente d'avoir soif" avant d'aller chercher à boire ? Non, mais il faut bien que j'en aie une sorte de conscience, même si elle n'est pas attestée par une phrase réfléchie complète comportant le pronom "je". Et je n'ai certes pas besoin, pour aller prendre la bouteille d'eau, de me voir du dehors comme l'héroïne de ma vie. Le neurologue Jaak Panksepp a identifié différents systèmes émotionnels dans le cerveau des mammifères, dont celui qu'il appelle le *"seeking system*"*. "Ce système, écrit-il, rend les animaux extrêmement intéressés par l'exploration de leur univers et les conduit à éprouver de l'excitation lorsqu'ils sont sur le point d'obtenir ce qu'ils désirent[89]." Nous recherchons tous ce dont nous éprouvons le besoin ou l'envie, y compris l'eau à prendre dans le frigo. Parce qu'une partie de mon moi inconscient prépare le geste que je

* Qu'on pourrait traduire par "système de quête", ou "de recherche". *(N.d.T.)*

vais faire pour prendre de l'eau, cela signifie-t-il que je n'ai pas envie de celle-ci, que je suis une machine aux mouvements automatiques ?

Sans doute serait-il utile de décrire différents degrés de conscience. Après tout, même quand j'écris, c'est inconsciemment qu'est engendrée une bonne partie de ce que j'écris. Je devine sous mes mots un monde préconscient d'où je les extrais, pensées non encore articulées mais potentiellement présentes, et quand je les trouve je crois à leur justesse ou à leur fausseté. Oui, voilà ce que je voulais dire. A quoi mesurer cela ? Ce n'est pas *extérieur* à moi. Je ne possède aucune notion objective de la phrase parfaite qui exprimera au mieux ce que je veux dire. C'est au-dedans de moi que je le sais et, pourtant, cet intérieur verbal n'est-il pas pétri de l'extérieur, de tous les livres que j'ai lus, des conversations que j'ai eues et de leurs traces mnémiques ? J'aime les expressions "ça me trotte dans la tête" et "je l'ai sur le bout de la langue", qui désignent ces vagues réminiscences sous-jacentes. Qu'est-ce qui se passe réellement, quand je trace les symboles qui, ensemble, composent les mots *Je me souviens* ?

La subjectivité n'est pas l'histoire d'un "je" stable et absolu qui s'avance dans l'existence en prenant une décision après l'autre. Ce n'est pas non plus une machine cérébrale désincarnée, génétiquement programmée pour agir selon des voies spécifiques et prévisibles. La comparaison autrefois populaire du cerveau avec un disque dur d'ordinateur nourri de logiciels s'est affaiblie avec le temps. Technologie aidant, l'ordinateur est devenu un modèle cognitif et je trouve assez bizarre que des scientifiques et bon nombre de philosophes décident qu'une machine constitue un modèle adéquat pour l'esprit humain. Ne serait-ce que parce que les machines n'éprouvent pas d'émotions et que, sans valeurs affectives, les humains ne peuvent pas prendre de décisions. La qualité de leur jugement y perd plus qu'elle n'y gagne. Dans son ouvrage intitulé *L'Erreur de Descartes*, Antonio Damasio apporte la preuve neurologique de ce dont beaucoup de gens ont l'intuition, à savoir que l'émotion est d'une importance capitale pour la qualité du raisonnement[90]. Les émotions d'individus atteints de lésions au lobe frontal sont amorties, et leur capacité d'agir pour leur propre bien en est affectée. Qui plus est, notre subjectivité n'est pas fermée mais ouverte au monde extérieur. C'est là chose indiscutable mais, étrangement, souvent oubliée et, en matière de fonctions cérébrales, le fétichisme scientifique traite parfois ces processus comme s'ils se produisaient dans un organe isolé, dépourvu de corps – un bouquet de neurones dans un bocal, vaquant seul à ses affaires. "Toute action, a écrit William James, est donc ré-action au monde extérieur ; et le stade intermédiaire consistant à examiner, à envisager ou à réfléchir n'est qu'un lieu de transit, la partie inférieure d'une boucle dont les deux extrémités ont leur point d'application dans le monde extérieur. [...] Le courant de vie qui pénètre *via* nos yeux et nos oreilles est destiné à ressortir *via* nos mains, nos pieds ou nos lèvres[91]." Le modèle d'expérience subjective que propose James est dynamique, il comprend le monde perçu, avec tout ce que cela signifie : choses vues, bruits, odeurs, sensations, émotions, autres personnes, pensée et langage. Toutes choses qui sont *en nous*. Nous sommes habités, occupés, pluriels et nous vivons en relation incessante avec ce monde extérieur perçu, en tant qu'êtres corporels et pas seulement en tant que cerveaux.

Edmund Husserl, dont la phénoménologie fut influencée par sa lecture de James, pose une distinction entre deux sens du mot *corps* : *Körper* et *Leib*[92]. *Körper*, c'est notre corps matériel, un objet, celui qui peut être considéré du point de vue d'une tierce personne en médecine ou en science comme un objet inerte, un "ça". *Körper*, c'est ce que l'on peut disséquer. *Leib* est le corps vécu, l'être animé, psychobiologique, qui expérimente à la première personne. On peut trouver le *Körper* dans un livre d'anatomie. C'est en nous-mêmes que nous trouvons le *Leib*, le "je" incarné.

Le monde subjectif est aussi un monde intersubjectif, le monde du "je" et du "tu", et il est malaisé de tracer une ligne entre les deux car d'autres font partie de "nous". On sait à présent que des bébés âgés de quelques heures à peine imitent activement les expressions d'un adulte qui les regarde. Il semble que ce soit un trait inné. Non que les nouveau-nés aient une image corporelle de leur propre visage en train de bouger pour imiter le visage d'autrui. Ils n'ont pas conscience d'eux-mêmes. Ils ne sont pas encore les héros de leurs propres vies, mais leur réactivité aux visages est puissante. Après la naissance de ma fille, j'ai passé des heures à la regarder, et elle me regardait. Je ne me sentais jamais rassasiée du visage de cette enfant et de ses grands yeux attentifs qui s'accrochaient aux miens. Ma mère a dit un jour à propos de mes sœurs et moi : "quand vous étiez petites, je me régalais de vos visages." Cette expression résume bien l'émotion communiquée par le regard maternel, parce qu'elle se concentre sur le plaisir de regarder, sur le *besoin* de le faire. De très petits bébés, âgés de quelques semaines, vous répondront aussi. J'en ai fait souvent l'expérience. Si vous parlez à un nourrisson et puis que vous attendez (il faut lui laisser du temps), il réagira en émettant des sons proches de la parole. Les débuts du langage sont imitation. Nous sommes des miroirs les uns pour les autres.

D. W. Winnicott écrit : "Dans le développement émotionnel, le précurseur du miroir est le visage de la mère[93]." Il parle de l'importance de l'essai de Lacan, *Le Stade du miroir*, mais observe que Lacan ne fait pas la même liaison entre le maternel et le miroir : "Que voit le bébé quand il ou elle regarde le visage de sa mère ? Je suggère que, d'ordinaire, ce que le bébé voit, c'est lui ou elle-même. *En d'autres termes la mère regarde le bébé et ce qu'elle donne à voir est en rapport avec ce qu'elle voit là*[94]." Je suis réfléchie dans tes yeux. Dans le même essai, Winnicott formule ainsi les choses :

> Quand je regarde je suis vu, donc j'existe
> Je puis désormais me permettre de regarder et de voir
> Je regarde désormais de manière créative, et ce que j'aperçois je le perçois aussi
> En vérité, je prends soin de ne pas voir ce qui n'est pas là pour être vu (sauf si je suis fatigué[95]).

Nos yeux sont reliés directement à notre cerveau, ce qui contribue à expliquer pourquoi on regarde toujours les gens dans les yeux afin de découvrir ce qu'ils veulent dire. Comme l'a écrit A. E. Hess, l'œil est “anatomiquement une extension du cerveau ; c'est presque comme si une portion du cerveau se trouvait exposée aux regards[96]”. Les neurobiologistes savent que ces échanges entre mère et enfant favorisent le développement cérébral du bébé. Allan Schore appelle “accordage psychobiologique” ces allers-retours entre mère et enfant et, comme d'autres avant lui, évoque la mère et son bébé sous le seul nom de dyade – une boucle, deux en un. “Le visage expressif d'émotions de la mère est la source la plus abondante d'informations visuo-affectives, note-t-il, et, dans les interactions du face-à-face, son empreinte stimule le développement du système nerveux du nourrisson[97].” Nos vies commencent par un dialogue muet et, sans lui, nous ne grandirions pas.

Il est impossible de séparer l'inné et l'acquis. Non seulement on ne peut isoler quelqu'un du monde dans lequel il vit mais, en outre, les notions de dehors et de dedans, de sujet et d'objet s'entremêlent. *Le courant de vie qui pénètre* via *nos yeux et nos oreilles est destiné à ressortir* via *nos mains, nos pieds ou nos lèvres*. Ce sont les autres qui nous font ce que nous sommes, et ces premiers gestes de reconnaissance entre l'enfant et sa mère et puis, un peu plus tard, l'enfant et son père sont essentiels à ce que nous devenons et au sens que nous aurons, adultes, de notre image corporelle, une identité corporelle formée. Shaun Gallagher écrit : "C'est dans l'interaction intermodale et intersubjective entre la proprioception [notre schéma corporel en grande partie inconscient] et la vision du visage de l'autre que se développe l'image corporelle [consciente] de l'individu[98]." Selon mes propres termes, les enfants doivent acquérir un "je" grâce à un "tu". Dotés à la naissance d'un tempérament génétique – nerveux et hypersensible, par exemple, ou relativement calme et docile – qui influencera leur façon de réagir aux stimuli visuels et émotionnels, ils possèdent tous les outils nécessaires pour prendre part au monde interactif et parlant, mais le "je" conscient et explicite n'est pas donné *a priori*. Son apparition fait partie d'un vaste processus de développement corporel qui comprend effets miroir et reconnaissances mutuelles.

Nombreux sont désormais ceux qui ont entendu parler des neurones miroirs découverts en 1995 par Vittorio Gallese, Giacomo Rizzolatti, Leonardo Fogassi et Luciano Fadiga chez des macaques[99]. Ces neurones, localisés dans le cortex prémoteur de l'animal, s'activent lorsque le singe exécute une action, saisir une banane, par exemple, mais également lorsque le singe voit exécuter la même action mais reste inactif. Il n'est guère étonnant que les scientifiques aient identifié un système miroir chez les humains. La signification exacte en est mal connue, mais la découverte des neurones miroirs a engendré l'hypothèse de l'universalité de leur implication, du langage à l'empathie. Rizzolatti croyait avoir trouvé le système de communication sous-jacent du langage humain. A tout le moins, les neurones miroirs semblent jouer un rôle dans l'échange dialectique inhérent aux relations humaines, constituant une racine biologique pour la réflexivité du "je" et du "tu", notion dont on peut trouver des traces remontant au moins à Hegel et qui fait fortement écho à son idée que la conscience que nous avons de nous-mêmes est enracinée dans les relations entre le moi et l'autre : "La conscience de soi est *en* et *pour* soi en tant que et du fait qu'elle est en et pour soi pour une autre conscience de soi, c'est-à-dire qu'elle est seulement en tant qu'un être reconnu[100]."

Le mot "je" apparaît assez tard dans le langage de l'enfant. Ainsi que le fait remarquer Merleau-Ponty, "le pronom «je» n'a véritablement son sens plein que lorsque l'enfant l'emploie non pas comme un indice individuel pour désigner sa propre personne – indice qui serait affecté une fois pour toutes à lui et à personne d'autre – mais lorsqu'il comprend que chacun de ceux qui sont devant lui peut à son tour dire «je», et que chacun est pour lui-même un «je» et pour les autres un «toi»[101]". Avant l'arrivée du "je", la plupart des enfants se désignent eux-mêmes par leur prénom. Je me souviens de ma fille disant "Sophie carotte" pour "je veux une carotte". A six ans, les jumeaux de Louria n'avaient pas de mot pour "je" dans leur langage privé. Ils parlaient d'eux-mêmes à la troisième personne. Dans certaines formes d'aphasie, le "je" disparaît très tôt et, chez certains schizophrènes, "je" et "tu" se confondent ou perdent leur signification. Dans le mémoire intitulé *Journal d'une schizophrène*, Renée parle de sa maladie, de l'illusion qu'elle avait d'un Système autoritaire qui lui donnait des ordres, et de la thérapie qui l'a ramenée à la "réalité" :

> Ce qui me faisait un bien extraordinaire, c'est lorsqu'elle parlait d'elle à la troisième personne en disant : "Maman et Renée" [Renée appelait sa psychiatre Maman] et non : "je et vous". Quand elle employait par hasard la première personne, aussitôt je ne la reconnaissais plus, et j'étais fâchée contre elle de ce qu'elle brisât mon contact par cette faute. De même, si elle me disait : "*Vous* verrez comme avec moi nous lutterons contre le Système !" "Je", "vous", qui était-ce ? Pour moi, cela ne représentait aucune réalité. Au contraire : "Maman", "Renée" ou encore "le Petit Personnage" renfermaient la réalité, la vie, l'affectivité[102].

La psychose de Renée avait détruit bien plus que son langage. L'organisation entière de son moi s'était effondrée, et l'un des signes de sa désintégration était une régression à un stade primitif de l'usage du langage, à un "je" instable et vide. La troisième personne, Renée, et l'expression descriptive, "le petit Personnage", avaient une réalité concrète, une solidité et une objectivité qu'elle ne pouvait trouver dans la mutabilité de "je" et de "tu", lesquels dépendent exclusivement de celui qui parle.

Je me suis occupée d'une jeune fille perturbée qui avait tendance à passer à la troisième personne, pas toujours, mais quelquefois. Abandonnée par ses parents, elle avait vécu chez plusieurs personnes de sa famille et s'était finalement retrouvée dans une famille d'accueil. Elle avait, de plus, été victime de violence sexuelle quand elle avait onze ans. "Linnie n'aime pas l'école", disait-elle, ou "on déteste Linnie". Un jour, elle prononça cette phrase étonnante : "Si j'avais l'amour de mon père, je serais la *vraie* Linnie." Il y avait deux Linnie, l'une mal-aimée et irréelle, l'autre aimée et réelle. Il peut y avoir de multiples causes au déséquilibre, mais il est fréquent que coups, pertes et privations répétés se manifestent sous forme de problèmes d'identité : le moi et le non-moi, le moi et le ça, le réel et l'irréel. Il existe également des aspects psychologiques aux désordres neurologiques, bien qu'on sache mal comment les distinguer de la maladie ou d'une lésion localisée du cerveau. M. D. avait fait de sa main gauche malade un "ça" détestable. Des mains étrangères n'appartiennent plus au "je" qui s'exprime. Qui est-ce qui agit dans de telles situations ? La main de Neil retrouvait des souvenirs que son "je" parlant ne pouvait pas se rappeler. Le mot utilisé par Freud pour désigner l'instance inconsciente et soumise à l'instinct de la personnalité était le ça, *das Es* (devenu *id* en anglais), un terme qu'il avait emprunté à Georg Groddeck, lequel a écrit : "Je soutiens que l'homme est animé par l'Inconnu, une force merveilleuse qui dirige à la fois ce qu'il fait et ce qui lui advient. La proposition «je vis» n'est que conditionnellement correcte, elle n'exprime qu'une part étroite et superficielle du principe fondamental : «L'homme est vécu par le ça[103].»" A partir du concept de Groddeck, Freud a élaboré la notion d'une partie non historique et atemporelle de la personnalité dont nous n'avons pas connaissance. Benjamin Libet, qui menait des expériences sur le libre arbitre, serait sans doute d'accord. Le "ça" a de la force, mais il ne *parle* pas.

Chez nous autres animaux, l'instinct le plus enraciné est l'instinct de survie. Tout notre être a été l'objet d'une sélection naturelle visant à la continuation et au perfectionnement de notre existence. Tous les animaux ont probablement un sens inné de leur vulnérabilité et de leur nature mortelle. Je ne suis pas de ceux qui craignent d'attribuer des émotions aux animaux. Selon toute apparence, les éléphants pleurent leurs morts. Le neurologue D. O. Hebb s'est aperçu que les singes se détournent de *représentations* des têtes coupées de leur parentèle simiesque, têtes dont ils savent parfaitement qu'elles ne sont pas réelles. La capacité de pressentir une menace assortie d'un comportement défensif sont indispensables à la survie, mais nous sommes sans doute les seuls animaux capables d'envisager notre propre mort. Et pourtant rares sont ceux d'entre nous qui aiment à y penser. Nous en refoulons l'idée. Quand la mort s'approche, ainsi qu'elle l'a fait pour moi lors de cet accident de voiture, les émotions se bloquent ; dans mon cas, la peur est revenue, hurlante, sous forme d'irruptions involontaires de souvenirs atroces. Je ne puis imaginer dans la littérature un passage plus juste à propos de notre tendance à refouler l'idée de la mort que celui-ci, de Tolstoï, dans *La Mort d'Ivan Ilitch* :

> Dans le fond de son âme, il savait bien qu'il mourait ; mais non seulement il ne parvenait pas à s'habituer à cette pensée, il ne la comprenait même pas, il était incapable de la comprendre.
>
> Cet exemple de syllogisme qu'il avait appris dans le manuel de logique de Kiesewetter : "Caïus est un homme, les hommes sont mortels, donc Caïus est mortel", ce raisonnement lui paraissait exact s'il s'agissait de Caïus, mais non pas de sa propre personne. C'était Caïus, un homme en général, et il devait mourir. Mais lui n'est pas Caïus, il n'est pas un homme en général ; il est à part, tout à fait à part des autres êtres : il était Vania avec sa maman

> et son papa, avec Mitia et Volodia, avec sa bonne, avec le cocher, puis avec Katenka, avec toutes les joies, toutes les peines, tous les enthousiasmes de l'enfance, de l'adolescence, de la jeunesse. Caïus connaissait-il l'odeur de cette balle en cuir bariolé qu'aimait tant Vania ? Caïus embrassait-il la main de sa mère comme Vania ? Est-ce pour Caïus que froufroutait ainsi la jupe en soie de la mère de Vania ? Est-ce Caïus qui avait protesté à l'école au sujet des petits pâtés ? Avait-il aimé comme Vania ? Pouvait-il présider une séance comme lui ? Caïus est en effet mortel, et il est juste qu'il meure. Mais moi, Vania, Ivan Ilitch, avec toutes mes pensées, avec tous mes sentiments, c'est tout autre chose. Et il est impossible que je doive mourir. Ce serait trop affreux[104].

De Caïus au petit Vania, on saute du général au particulier, de la connaissance intellectuelle d'une chose à sa méconnaissance de fait, de la vérité abstraite à une vérité personnelle, d'une réalité à la troisième personne à une réalité à la première personne. Le saut nous fait aussi remonter le temps, revenir aux souvenirs de la prime enfance, à l'odeur chérie d'une balle en cuir et à la présence sensuelle d'une mère, à un monde qui tournait autour du petit Vania, Sa Majesté le bébé, le petit garçon bien-aimé. Il est tellement ordinaire, ce refus de l'inévitable, de la chose qui doit arriver, de la fin de mon existence, mais tellement difficile à comprendre vraiment. Tolstoï utilise le pronom *elle* pour désigner la présence menaçante qui pèse sur la vie d'Ivan Ilitch, et que le héros tente désespérément d'esquiver. Il cherche des consolations, des écrans, "et ces écrans apparaissaient, et pour un court moment semblaient le protéger ; mais presque aussitôt, sans disparaître, ils devenaient transparents, comme si *elle* passait à travers eux et que rien ne pût *la* cacher". A l'instar de Mme A., qui épanchait son chagrin dans des lunettes et des cigarettes égarées, Ivan Ilitch s'inquiète d'entailles dans sa table polie et d'un album déchiré, se dispute alors avec son épouse et sa fille au sujet de l'endroit où ranger l'album abîmé et s'aperçoit que de telles disputes triviales sont aussi des écrans salvateurs : "Mais tout allait fort bien, car il ne pensait pas à *elle*, il ne *la* voyait pas[105]." *Elle* dénote une présence extérieure, un non-"je", qu'il s'agisse des étranges forces animales de désir et d'agression qui semblent vivre en nous ou de la terrible réalité du fait que ces forces ne sont pas éternelles, qu'elles finissent en cadavre, en objet, en chose inanimée, autrefois "je", désormais "ça".

La première fois que j'ai tremblé, je me trouvais sur un sol familier. Ce n'était pas seulement que mon père eût enseigné dans cette université pendant de nombreuses années. Enfant, j'avais vécu sur ce campus, parce que mon professeur de père avait également la responsabilité d'une résidence pour garçons. Ce vieux bâtiment a été abattu depuis, mais je me souviens de ses couloirs obscurs, de ses odeurs, de l'ascenseur et de sa porte rouge, du distributeur de boissons gazeuses luisant sourdement à l'étage inférieur au nôtre avec son bouton pour le Royal Crown Cola. Je me souviens du gentil gros concierge, Bud, et de son pantalon gris poussiéreux, des étages supérieurs interdits où, ma sœur Liv et moi, nous nous sommes aventurées une ou deux fois. Je me souviens de la vue qu'on avait de la fenêtre de notre appartement, devant laquelle je pleurai un jour de Pâques : en cette journée de chapeaux et gants et légères robes printanières, les conventions voulaient qu'il fît tiède et ensoleillé mais, par cette fenêtre, je ne voyais que de la neige. Je me souviens d'avoir appris à rouler à bicyclette sur ce même campus, un printemps, et de ce que j'ai éprouvé lorsque mon père a lâché la bicyclette et que j'ai continué seule en pédalant, un peu instable mais joyeuse dès l'instant où j'ai compris que j'étais lancée et que je tenais droite. Je me souviens de la centrale électrique, où mon père nous avait emmenées, Liv et moi, à travers des nuages de fumée blanche, des bouffées de chaleur et le rugissement des machines, jusqu'à une petite pièce près de l'arrière du bâtiment où un homme fabriquait de la crème glacée et nous en avait donné des échantillons gratis. Je me souviens de m'être allongée à plat ventre sur les grilles devant la bibliothèque pour examiner les papiers de bonbons, les mégots de cigarettes et les différentes sortes de débris qui étaient tombés là, et de ce que regarder tout cela avait d'absorbant. Nous avons déménagé avant mon entrée au cours élémentaire mais, à part ces quelques fragments de mes troisième et quatrième années, le plus gros de ma mémoire autobiographique de cinq à neuf est rattaché à ce campus. Les lieux ont un pouvoir.

Le fait de me retrouver là, debout sur ce sol familier, a-t-il fait surgir devant moi la réalité de la mort – la présence d'une *elle* innommable ? Après tout, je vis à New York et je ne voyais plus mon père à un rythme quotidien. A New York, il était normal qu'il fût absent de ma vie. Me suis-je trouvée projetée dans quelque compréhension subliminale du fait que son absence était permanente, irrévocable, sans me rendre compte consciemment du tour que les choses avaient pris en moi ? Les visages de gens que je connaissais depuis l'enfance m'avaient-ils renvoyée à un moi plus ancien ? Le tremblement avait-il quelque chose à voir avec le fait d'occuper une place qui me semblait revenir à mon père ? de me tenir, littéralement, à un endroit où j'avais l'impression d'être chez lui ? Fut-ce la vision de cette pelouse verte devant *Old Main*, cet ancien bâtiment principal où mon père avait son bureau, dont l'image est gravée dans ma mémoire parce que je m'y suis promenée à de multiples reprises, non seulement quand j'étais enfant, mais aussi adolescente et puis jeune adulte, quand j'étais étudiante ? Mais ce ne fut pas la vision de cet endroit qui déclencha la crise ; ce fut le fait de parler. L'épisode commença avec le premier mot pour s'achever avec le dernier. Etait-il lié à un souvenir ?

Les lieux favorisent les souvenirs explicites. Selon les théories classiques, les souvenirs ont, pour remplir leur rôle, besoin d'emplacements – τοποι. Cicéron attribue à Simonide de Céos la création d'un art de la mémoire. Après qu'un tremblement de terre eut détruit une salle de banquet et tué tous les assistants, Simonide, qui avait été appelé à quitter les festivités, revint et fut capable d'identifier les corps écrasés parce qu'il se rappelait où chaque convive était assis. C'est à la suite de cet épouvantable événement que Simonide découvrit, dit-on, la relation essentielle entre emplacement et souvenir. Lecteur d'Aristote, le philosophe scolastique Albert le Grand († 1280) suggéra que les espaces mentaux présentent une utilité pratique pour l'esprit et facilitent le recouvrement des souvenirs. Ce ne sont pas des miroirs mais, plutôt, des conceptions intérieures de la réalité[106]. Cicéron élabora l'idée d'un *locus* comme instrument de mémorisation verbale. Un orateur pouvait apprendre par cœur un long discours en imaginant une maison à travers laquelle il se promenait, attachant chaque partie de son discours à un point différent, table, tapis ou porte, dans les différentes pièces. Mon père utilisait cette technique pour mémoriser ses discours et cela semblait efficace. La promenade au cœur d'une architecture imaginaire devient l'espace à l'intérieur duquel on peut fixer des pensées verbales et séquentielles. Le commentaire de Freud attribuant aux images mentales visuelles un caractère plus primitif qu'aux mots est pertinent. Ma mémoire visuelle est souvent assez statique, et c'est de lieux intimes que je me souviens le mieux – maisons, bois, champs et rues que j'ai mémorisés parce qu'ils ont constitué des expériences répétées en toile de fond de ma vie. Ce sont des espaces dans ou avec lesquels j'ai vécu au fil du temps.

Par contre, un endroit où je ne me suis rendue qu'une seule fois s'estompe souvent. Je puis retrouver une vague impression, un schéma, si vous voulez, de ce que c'était que de marcher dans une rue de Hong-Kong, par exemple, mais ce qui ressort dans mes souvenirs, c'est un mendiant agenouillé dans la rue qui saisit le bas de ma robe, et mon mouvement de recul. La répugnance, la pitié et un sentiment de culpabilité m'envahissent successivement, mais l'image du visage de cet homme, dont, je le sais, l'expression désespérée m'a effrayée, n'est plus nette. Je peux en reconstituer une vue de l'esprit, comme on dit fort justement. Il a les dents gâtées, les yeux injectés de sang, les joues sales. Ce qui m'en reste réellement, c'est de savoir que cela s'est passé et que j'y ai pensé de nombreuses fois depuis lors, mais les mots dont je me sers pour me raconter l'histoire ont supplanté toute image détaillée. Hong-Kong était pleine de mendiants en 1975. Je me rappelle cela d'une manière générale, comme d'un fait, mais je ne peux plus évoquer une imagerie visuelle qui ne soit un vague fouillis reconfiguré en une version impressionniste et imprécise de mon expérience. Le langage abstrait la mémoire visuelle pour, avec le temps, y substituer souvent un récit inventé qui se fige et peut être répété indéfiniment.

Une erreur dont je me suis aperçue dans mes propres souvenirs offre un exemple plus frappant encore du rôle d'un lieu en tant que théâtre de la mémoire. L'un de mes tout premiers souvenirs date de quand j'avais quatre ans. Cela se passait chez ma tante, à Bergen, en Norvège, pendant un repas en famille. Les principales composantes visuelles de l'incident sont la table familière, la salle commune familière, et sa fenêtre donnant sur le fjord. Je revois clairement cette pièce dans ma tête car, treize ans plus tard, j'ai habité chez ma tante et mon oncle, dans cette maison. Je revois aussi quelques mouvements précis, séquentiels. Je suis assise sur une chaise en face de ma cousine Vibeke, âgée de douze ans, que j'aime et que j'admire, lorsque tout à coup, pour des raisons que je ne comprends pas, elle fond en larmes. Je me souviens d'avoir à me pousser en bas de ma chaise, mes jambes ne touchant pas le sol, et je dois me laisser glisser jusqu'au plancher. Je m'approche de ma cousine et lui tapote le dos pour tenter de la consoler. Les grandes personnes se mettent à rire et une humiliation brûlante me saisit. Ce souvenir ne m'a jamais quittée. Je comprends aujourd'hui que le rire des adultes était sans méchanceté, mais l'offense à ma dignité a duré, et elle a modelé ma façon d'être mère avec ma fille. Je me suis souvenue, pour citer Joe Brainard, "que la vie était alors tout aussi sérieuse que maintenant", que les enfants doivent être respectés aussi bien qu'aimés. L'erreur que j'ai faite ne concerne pas mon émotion mais *l'endroit* où je me trouvais quand mon orgueil a été blessé. Il est impossible que cette atteinte à mon amour-propre ait eu lieu dans la maison dont je me souvenais parce que, lorsque j'avais quatre ans, *cette maison n'existait pas encore*. J'ai replacé ce souvenir à un endroit que je pouvais me rappeler, plutôt qu'à celui que j'avais oublié. Comme l'expliquait Albert le Grand : la chambre avait une utilité pratique. J'avais besoin, pour garder l'événement, de l'enraciner quelque part. Il lui fallait un cadre visuel, sans quoi il serait parti à vau-l'eau. A l'instar des experts antiques et médiévaux de la mémoire, j'avais attaché à un *locus* mon scénario devenu essentiellement verbal.

Un autre des patients d'A. R. Louria, S.*, que le neurologue a étudié pendant trente ans et dont il parle dans son livre *Une prodigieuse mémoire*, avait la capacité de convertir de longues listes de chiffres et de mots en images mentales de lieux :

> En lisant une longue liste de mots, il voyait une image correspondant à chacun de ces mots. Mais si la liste était très longue, Veniamin avait recours au procédé qui consistait à en "disposer" les

* Le nom de ce patient de Louria était Solomon Veniaminovich Cherechevsky (ou, orthographié à l'anglaise, Shereshevsky) mais Louria, par discrétion, le désigne par l'initiale de son nom de famille ; il est désigné dans la version anglaise par la lettre S. et figure dans la française sous le nom de Veniamin. Siri Hustvedt a naturellement adopté le "S." de la version anglaise. *(N.d.T.)*

éléments en file, procédé qu'il utilisa toute sa vie. Le plus souvent, il "alignait" ces images le long d'une route. Tantôt c'était une rue de sa ville natale ou la cour de la maison où il passa son enfance et dont l'image s'était fortement gravée dans sa mémoire. Tantôt c'était une rue de Moscou. Il suivait fréquemment cette rue – la rue Gorki le plus souvent, en partant de la place Maïakovski : il la descendait lentement et "disposait" les images devant les maisons, les portes cochères ou les vitrines des magasins, et puis, sans savoir comment, il se trouvait de nouveau dans son Torjok natal et terminait la promenade devant la maison de son enfance... On constate sans peine que le fond choisi pour ses "promenades intérieures" était semblable à celui des visions oniriques et qu'il ne s'en distinguait que par la facilité avec laquelle il s'évanouissait lorsque l'attention de Veniamin était détournée, pour reparaître avec la même facilité lorsque Veniamin devait se rappeler la rangée "inscrite"[107].

Louria ne parle pas des systèmes classiques, et S. n'avait pas étudié Cicéron. Sa mémoire lui venait naturellement, en quelque sorte, comme un produit de sa synesthésie, phénomène dans lequel les sens s'entrecroisent – le goût percevant les couleurs, par exemple, ou la vue, les sons. Le grand physicien Richard Feynman voyait les équations en couleurs : "Quand je vois des équations, je vois les lettres en couleurs – je ne sais pas pourquoi... des *j* beige clair, des *u* d'un léger violet bleuté et des *x* brun foncé qui volettent alentour[108]."

La première strophe de *Voyelles*, le poème de Rimbaud, offre une évocation parfaite de cette forme de synesthésie :

A noir, E blanc, I rouge, U vert, O bleu : voyelles,
Je dirai quelque jour vos naissances latentes :
A, noir corset velu des mouches éclatantes
Qui bombinent autour des puanteurs cruelles[109]...

La prodigieuse mémoire de S. était le résultat de la netteté de ses perceptions visuelles intérieures. Cet homme voyait tout. “Même les chiffres me rappellent des images. Ainsi, 1 est un homme svelte et orgueilleux ; 2, une femme rieuse ; 3, un homme triste, je ne sais pourquoi… 6, un homme qui a une jambe enflée[110].” L'immense étendue de la mémoire de S. constituait toutefois, de bien des manières, un obstacle à la compréhension du monde qui l'entourait. Il éprouvait de la difficulté à suivre des récits ou des poèmes, parce que chaque mot qu'il lisait produisait une image visuelle complexe. Le temps de parvenir au bout d'une phrase, il était complètement perturbé par les innombrables images détaillées et concurrentes qui encombraient son esprit. Une liste de nombres ou de mots sans rapports les uns avec les autres convenait donc beaucoup mieux à son talent, car chaque entité pouvait exister isolément. En faisant de chaque signe une image visuelle concrète, il devenait incapable de saisir leur signification abstraite, de sorte que lui faisait défaut la capacité de distinguer ce qui était important de ce qui ne l'était pas. Les hiérarchies de la sémantique disparaissaient en une démocratie visuelle. Il n'est personne à qui S. ressemble autant qu'au héros de la nouvelle de Jorge Luis Borges intitulée *Funes ou la Mémoire*.

> [Funes], ne l'oublions pas, était presque incapable d'idées générales, platoniques. Non seulement il lui était difficile de comprendre que le symbole générique *chien* embrassât tant d'individus dissemblables et de formes diverses ; cela le gênait que le chien de trois heures quatorze (vu de profil) eût le même nom que le chien de trois heures un quart (vu de face). Son propre visage dans la glace, ses propres mains, le surprenaient chaque fois.

Vers la fin de la nouvelle, le narrateur dit du héros : "Je soupçonne cependant qu'il n'était pas très capable de penser. Penser, c'est oublier des différences, c'est généraliser, abstraire[111]." Contrairement à Funes, dont la mémoire visuelle était parfaite, S. éprouvait de la difficulté à se souvenir des visages des gens (prosopagnosie) ou à comprendre les émotions qu'exprimaient ces visages, difficulté que l'on associe désormais à la fois à l'autisme et aux lésions affectant une certaine partie du cerveau indispensable à la reconnaissance des visages, le gyrus fusiforme. Ses dons extraordinaires ainsi que ses déficiences vaudraient aujourd'hui à S. non seulement d'être désigné et décrit comme "synesthète", mais également d'être diagnostiqué comme affecté du syndrome d'Asperger.

Sans doute n'est-il pas étonnant que S. ait eu un double, un "il", à la troisième personne, qui accompagna le mnémoniste durant toute sa vie. Il projetait dans le paysage son propre personnage. Dans l'enfance, il arrivait à S. de rester couché dans son lit à regarder son double s'habiller et partir à l'école à sa place. Quand il avait huit ans, sa famille emménagea dans un nouvel appartement. Voici sa description de l'événement. Notez l'usage qu'il fait du temps présent. Il relate l'événement tel qu'il le revoit :

> Je n'ai pas envie de partir… Mon frère me prend par la main et me conduit jusqu'au fiacre… Je vois le cocher, il mange une carotte… Mais je ne veux pas partir et je reste à la maison. Je "le" vois à la fenêtre de sa chambre, "il" ne part pas[112].

Louria identifie la scène comme l'expression "d'une fracture entre un «je» qui donne des ordres et le «il» qui les exécute (et que visualise le «je» inhérent à S.)". Mais ce "il" est aussi celui qui désobéit, à qui il revient de rester dans la chère ancienne chambre après que le "je" a été entraîné au-dehors. "Il" réalise le désir du "je". "Il" tient d'un personnage de rêve, dépourvu des inhibitions du S. éveillé. Même une fois adulte, expliquait S., on ne pouvait pas toujours compter sur son double pour se conduire convenablement :

> [Au sujet d'un commentaire très peu poli sur la qualité des cigarettes de son hôte.]

> Je n'aurais jamais répondu comme ça, moi, mais "lui" en est bien incapable. C'est un manque de tact, mais je ne puis "lui" expliquer cette gaffe. J'ai eu un moment d'absence et "il" en a profité pour dire ce qu'il ne fallait pas dire[113].

Dans ce cas-ci, "il" joue le rôle du "démon de perversité", ce rôle de double que les personnages de la littérature et la neurologie clinique nous ont rendu familier, mais nous pouvons tous avoir des doubles latents ou potentiels, des images miroirs qui expriment ce que le "je" voudrait supprimer. Les petits enfants pourvus d'amis imaginaires responsables de leurs mésaventures ou transgressions, ou qu'ils doivent consulter avant d'obéir à leurs parents, ne sont guère exceptionnels. Et, de même que S., tout enfant pense sur un mode plus concret qu'un adulte normal. Je me rappelle le désarroi qui était le mien lorsque, la veille du nouvel an, mes parents nous mettaient au lit, mes sœurs et moi, en nous disant : "A l'année prochaine !" Comment une année entière pouvait s'écouler avant le matin, voilà qui dépassait mon entendement. Renée et mon élève Linnie étaient toutes deux beaucoup plus *concrètes* dans leur façon de penser que la plupart des gens de leur âge et, de même que S., elles dérapaient dans une réalité à la troisième personne : un "il" ou une "elle" au lieu de moi : "Si j'avais l'amour de mon père, je serais la *vraie* Linnie." Ma jeune patiente écrivante, B., évitait elle aussi le "je" en faveur d'un récit à la troisième personne dans son histoire de cahiers échangés et de pères violents. Le "je" déguisé en "elle" ou en "il" n'est-il pas, dans n'importe quel récit, une forme d'autoscopie ? A l'instar des jumeaux de Louria, Renée, Linnie et, peut-être, B. aussi semblent bloquées dans un monde antérieur, moins développé verbalement mais plus visuel. N'est-il pas raisonnable de supposer qu'elles n'ont jamais acquis ce que certains patients en neurologie ont perdu ?

Louria avait compris que la richesse de la vie intérieure de S. compromettait le seuil généralement reconnu entre l'imaginaire et le réel. Sa vie mentale était si encombrée qu'il s'y égarait souvent. Mais S. ne se contentait pas de se souvenir, il *imaginait* aussi. Son chiffre 1 bien droit et son chiffre 3 morose (ce dernier est déprimé, j'en suis sûre, parce que le bonhomme a la tête penchée) me rappellent mes propres personnifications, quand j'étais petite, d'à peu près tout ce qui se présentait dans mon champ visuel : céréales du petit-déjeuner, bâtons, pierres, chaussures. Mais enfin je suis depuis longtemps convaincue que la mémoire et l'imagination sont deux aspects d'un même processus. Les neurologues savent désormais que, lorsque nous retrouvons un souvenir, ce n'est pas le souvenir original que nous retrouvons mais, plutôt, celui que nous avons fait remonter à la conscience la dernière fois que nous nous le sommes rappelé. Lors d'un tel processus, les souvenirs évoluent. Ils ne sont pas seulement conservés, *consolidés* dans la mémoire, ils sont re-conservés, *re-consolidés*. En témoigne mon transfert inconscient d'un souvenir d'une maison à l'autre. Ce n'est pas mon sens visuo-spatial qui a détecté mon erreur : la scène où se déroule le scénario de mon humiliation est toujours cette *deuxième* salle commune. Je ne dispose d'aucun autre lieu qui lui convienne. Mon retour à la "vérité" en cette affaire a été rationnel. J'ai reconnu l'impossibilité logique que la scène que je m'étais rejouée en esprit ait eu lieu là où je la *voyais*.

L'un de mes amis m'a raconté une histoire à propos de sa femme. Juive, élève d'une école secondaire catholique, elle s'était trouvée confrontée à un problème délicat le jour de la remise des diplômes. Après avoir reçu le sien, la coutume voulait que chaque jeune fille baisât l'anneau du prêtre qui lui avait remis le document officiel. J. décida, par principe, de s'abstenir du baiser rituel et raconta ensuite à sa famille et à ses amis, non sans une certaine fierté, l'histoire de son geste minime mais significatif de non-conformisme. Des années plus tard, elle eut l'occasion de voir le film de l'événement et eut la stupéfaction de se reconnaître, plus jeune, qui montait sur scène, prenait son diplôme et se penchait pour baiser l'anneau du prêtre. L'erreur de J. n'était ni consciente ni malhonnête. C'était plutôt une reconstitution imaginaire, répondant à une nécessité importante de réhabilitation de l'image qu'elle se faisait d'elle-même. A un moment quelconque de son histoire, le souvenir avait été reconsolidé. Il est certain que son désir que l'histoire fût exactement le contraire de ce qui s'était réellement passé avait joué un rôle dans la transformation – par un processus psychobiologique grâce auquel le réel était remplacé par l'imaginaire : un écran ou, plutôt, un double, un "elle" agissant selon le désir de J. Ce que les phénoménologues qualifient de mémoire *observatrice*, le fait de se rappeler le passé, non pas en tant qu'individu incarné à la première personne mais en tant qu'autre, à la troisième personne, pourrait bien être une forme analogue de cette division, la création d'un double-miroir imaginaire évoluant sur la scène de la mémoire. Je me suis souvent demandé combien de mes propres réminiscences sont des distorsions ou le produit d'une imagination si vive qu'elles ont fini par me sembler vraies.

Un siècle avant que les neurologues n'aient compris le processus de reconsolidation, Freud écrivait que le présent colore le passé, que les souvenirs ne sont pas toujours ce dont ils ont l'air et qu'on ne peut se reposer sur eux en tant que faits. Certains souvenirs font écran à d'autres. Et, plus important, on révise ses souvenirs "après coup". Le nom qu'il donnait à cela est *Nachträglichkeit* ; c'est un mot très difficile à traduire en anglais. James Strachey, traducteur de Freud, utilisait l'expression *deferred action* (action différée)[114] mais, en réalité, l'appellation freudienne signifie quelque chose comme "ultériorité*". Un souvenir ancien se charge de

* Siri Hustvedt propose ici un mot inventé : *afterlyness*, le caractère de ce qui vient après ; "ultériorité" le traduirait assez fidèlement. *(N.d.T.)*

significations nouvelles et évolue au fur et à mesure que l'on mûrit. L'hippocampe est une partie du cerveau essentielle à la mémoire épisodique et on l'a également associé à certains aspects de la mémoire spatiale[115]. Il se développe après la naissance, ce qui constitue une explication physiologique à l'amnésie infantile, le fait que nos premières années se perdent dans un brouillard. Nous avons, de ces premières années, des souvenirs implicites, mais pas explicites, et il paraît plus que vraisemblable que l'accession de quelque expérience que ce soit au statut de souvenir conscient nécessite que cette expérience ait d'abord été consciente. Les gens qui prétendent se souvenir de leur naissance ou d'autres expériences fortes vécues dans les deux premières années de leur existence sont donc, plus que probablement, en proie à des illusions. Ma curiosité quant au rôle joué par le langage dans la fabrication de souvenirs conscients m'a poussée à soumettre différentes personnes à des interrogatoires sur ce qu'elles se rappelaient de leur petite enfance. Il ressort de mon enquête rigoureusement non scientifique que, sans exception, ceux qui disent avoir commencé à parler à un âge très précoce ont aussi les réminiscences explicites les plus anciennes. Cela se vérifie dans ma propre famille. Ma sœur Asti, qui parlait en phrases complètes avant d'avoir deux ans, dispose de beaucoup plus de souvenirs de la troisième année de sa vie que ses trois sœurs.

Il est généralement admis aujourd'hui que la mémoire est à la fois changeante et créatrice. Une étude portant sur des personnes atteintes de lésions bilatérales de l'hippocampe a révélé que celles-ci affectaient non seulement leur mémoire mais aussi leur imagination. Les chercheurs avaient demandé aux personnes faisant l'objet de l'étude d'imaginer des lieux et des événements fictifs. Lorsque les sujets étaient encouragés à imaginer une nouvelle expérience – à se voir couchés sur une plage ou en train de visiter les salles d'un musée –, les descriptions des patients souffrant de lésions cérébrales étaient faibles et pauvres par comparaison avec les scènes vivantes et détaillées proposées par les "volontaires sains[116]". Mais même chez les gens dits "sains", il existe un vaste éventail de différences dans l'imaginaire.

Quand je lis un roman, je le vois et, plus tard, je me souviens des images que j'ai inventées à son propos. Certaines de ces images sont empruntées à des lieux intimes de ma vie personnelle. D'autres, je le soupçonne, proviennent de films, d'illustrations dans des livres ou de tableaux que j'ai vus. J'ai besoin de *placer* les personnages quelque part. De nombreuses personnes à qui j'ai parlé confirment qu'elles aussi *voient* les livres. En une occasion, toutefois, j'ai rencontré un homme qui participait avec moi à une table ronde, un poète et traducteur, qui jurait qu'il n'inventait pas d'images en lisant. Nous parlions de Proust. "Eh bien, lui dis-je, si vous ne voyez pas la chambre de Marcel et sa mère et tous les personnages de l'histoire, qu'est-ce qui se passe ?" Il répondit : "Je vois les mots." Je fus sidérée. Cela me faisait l'effet d'une bien triste façon de lire mais qui sait ? Peut-être que son esprit ne convertit pas les symboles en images, et pourquoi se sentirait-il privé de quelque chose qu'il n'a jamais connu ? Quand j'écris de la fiction, je vois mes personnages circuler, parler, agir, et je les place toujours dans des chambres, des maisons, des immeubles et des rues réels, que je connais et me rappelle bien. Je suis en général l'un de ces personnages, un autre moi, masculin ou féminin, projeté dans l'univers mental que j'habite en écrivant. La plupart du temps, je ne prends pas la peine de décrire en détail les intérieurs et extérieurs familiers, mais j'ai besoin d'eux pour faire mon travail. Mes événements fictifs doivent être enracinés de la même manière que les expériences dont je me souviens. Il me faut des *loci*. Je ne suppose pas que tous les romanciers travaillent ainsi. Néanmoins, pour beaucoup d'entre nous, lire est une forme de synesthésie ordinaire. Nous transformons des signes abstraits en scènes visuelles.

Un jeune et talentueux romancier mexicain, M., m'a confié que, lorsqu'il écrivait son premier roman, il comprit qu'il construisait une maison, chambre par chambre, et qu'à la fin, la maison était construite. Pour lui, le fait d'écrire concordait avec des éléments visuels précis. "J'avais l'idée, m'écrivit-il dans un courriel, que ce roman est comme une maison blanche, une drôle de maison, qui en contient une deuxième, sombre et sinistre, celle-là. Au centre de la deuxième maison se trouve un jardin et dans le jardin de braves chiens ainsi qu'un jardinier qui attend le lecteur pour pouvoir lui raconter une histoire." M. demande volontiers à d'autres romanciers de dessiner des diagrammes ou des cartes de leurs romans, un peu comme les petites cartes narratives que Laurence Sterne a insérées dans *Tristram Shandy*. Quand il m'a demandé de le faire pour l'un des miens, j'ai hésité, et puis la forme visuelle s'est présentée à mon esprit et je l'ai rapidement esquissée.

On ne peut séparer de l'imagination la faculté de se souvenir. Elles vont main dans la main. A un degré ou à un autre, nous inventons tous nos passés personnels. Et pour la plupart d'entre nous, ces passés sont composés de souvenirs colorés par l'émotion. Les affects confèrent à l'expérience du sens ou de la *valeur*, pour reprendre le terme de certains philosophes. Ce qui nous importe peu, nous l'oublions. En vérité, notre amnésie relative à beaucoup de choses est une bénédiction. S. se donnait un mal fou pour tenter d'expulser des visions de son esprit surencombré. Il enregistrait trop, tout simplement. Mon souvenir de ce trajet sur le plancher pour aller consoler ma cousine s'est frayé un chemin dans mon autobiographie par le biais de l'émotion, en l'occurrence le traitement indigne infligé au très important "Petit Personnage", *moi*. Aristote divisait chaque souvenir en une représentation ou image visuelle dans l'esprit, *simulacrum*, et sa charge émotionnelle, *intentio*. Le philosophe de l'Antiquité avait compris qu'il n'existait pas de souvenir qui ne fût accompagné d'un affect. Or, quand je cherche un souvenir associé avec le fait de prendre la parole en public, je n'en trouve pas. Ai-je peur d'une chose qui m'est entièrement cachée ?

Les recherches du neurologue Joseph LeDoux ont porté en grande partie sur la peur et sur les circuits cérébraux qui sont activés quand un rat subit de manière répétée un choc électrique après avoir entendu un son donné. L'animal associe bientôt le son au choc et, une fois la connexion apprise, il manifeste une réaction de peur, se figeant lorsqu'il entend le son, même si celui-ci n'est pas suivi du choc. Le rat se souvient que le son signifie choc. Si, toutefois, un temps suffisant s'écoule sans la combinaison du son et du choc, le comportement de l'animal peut changer mais l'association entre les deux stimuli, le neutre et l'agressif, durera – peut-être pour la vie entière, selon LeDoux. A cet égard, les humains ne sont pas différents des rats. Nous aussi, nous pouvons apprendre la peur. Depuis mon accident, voyager en voiture m'inspire une inquiétude tenace, que je n'éprouve ni en avion ni en bateau. Ce n'est pas rationnel. Avoir eu un accident de voiture ne prédispose pas à en avoir d'autres, mais l'association voiture-accident s'est faite et elle se manifeste par une tension de tout mon corps, une angoisse qui m'envahit chaque fois que je monte en voiture. En même temps, ma peur a diminué régulièrement parce que j'ai réussi à l'inhiber en raisonnant à propos de son caractère irrationnel, et que je n'ai pas subi d'autre collision.

Le travail de LeDoux rappelle la célèbre étude de Pavlov sur le conditionnement des chiens. La différence, c'est qu'à la suite d'un entraînement similaire mais à l'aide de nouveaux outils, il a identifié une partie des principaux circuits empruntés par la peur dans le cerveau, dont, en particulier, un petit ganglion lymphatique en forme d'amande appelé l'amygdale, qui est également impliqué dans la consolidation et la reconsolidation des souvenirs émotionnels. A mon avis, il est absurde de prétendre que le rat n'est conscient ni du son ni du choc. Le rat est vivant, éveillé, et doué de mémoire. Ce qu'il ne possède pas, c'est le niveau le plus élevé de conscience de soi des humains. Il est sans nul doute doté d'une forme quelconque de sentiment de son "moi", d'une perception subliminale de son propre organisme, ce qui le pousse à se battre, à jouer, à fuir, à s'accoupler et à manger, et il reconnaît sûrement les autres rats, ses pareils, et peut les distinguer des prédateurs. Il ne dispose pas d'un narrateur interne qui lui raconte l'histoire de ses aventures dans le labo avec ces savants gargantuesques producteurs de sons et de désagréables chocs électriques.

Trembler ressemble à une réaction de peur, c'est l'une des "manifestations somatiques de l'angoisse". "Il tremblait de peur" est un cliché. Au premier grondement du tonnerre, Balder, le border collie de mon enfance, courait se réfugier sur sa couche où il n'était plus qu'une masse grelottante de fourrure noir et blanc. Quand je traverse la rue et qu'une voiture tourne inopinément sur le passage piéton, je commence toujours par me figer un instant avant de m'écarter précipitamment mais, même quand ma réaction est instantanée, avant d'avoir pris pleinement conscience de ma peur et de son objet, je sens mon cœur battre et mes poumons se contracter. Le jour où ont commencé mes convulsions, je n'avais eu nulle conscience ni de l'objet de ma peur, ni des signaux ordinaires de la peur. Je sentais le tremblement, mais il m'était impossible de l'identifier comme *quoi que ce fût*. Je tiens à insister sur le fait qu'au moment même, bêtement, il ne m'est pas venu à l'esprit que cela pouvait se reproduire. J'étais convaincue que c'était un événement unique et que, comme tel, je pouvais le considérer avec fascination plutôt qu'avec inquiétude. L'obligation de parler en public est devenue mon déclencheur sonore, mon grondement de tonnerre, et, si un souvenir y est mêlé, il est implicite et non pas explicite, et le tremblement proprement dit ne met pas en cause ma conscience autoréflexive supérieure – ce que font, en revanche, *parler*, *penser* et rester calme. Pour continuer à parler en dépit de mon tremblement, je dois utiliser une partie de mon cerveau qui peut, en vérité, réguler la peur : le cortex préfrontal médian et ventral. "Une peur pathologique peut donc se produire, explique LeDoux, lorsque l'amygdale n'est pas contrôlée par le cortex préfrontal, et le traitement de la peur pathologique peut exiger que le patient apprenne à accroître l'activité dans la région préfrontale afin que l'amygdale soit moins libre d'exprimer la peur[117]." Il soutient en outre que la relation entre l'amygdale et la région préfrontale est réciproque – c'est-à-dire que, si l'une est activée, l'autre est inhibée. Mais ce n'est pas cela qui m'est arrivé. Je parlais *et* je tremblais, bien qu'à la fin quelque chose en moi semble avoir eu la capacité de poser un couvercle sur l'intense alarme montée des profondeurs. D'un autre côté, peut-être l'impression que j'avais de la maîtriser était-elle une illusion.

Dans mon cas, les deux systèmes paraissent d'abord totalement coupés l'un de l'autre, jusqu'à ce que le régulateur intervienne. Encore que, ainsi que le disent volontiers les scientifiques, corrélation ne soit pas cause. Peut-être les deux choses n'ont-elles rien à voir l'une avec l'autre. Et la raison pour laquelle j'ai tremblé la *première* fois reste mystérieuse. La première occurrence est significative, car les réseaux neuraux sont sensibles et, une fois constitués, sujets à répétition. En neurologie, l'une des premières notions que j'ai apprises, sans nul doute rendue mémorable par sa rime commode, était la règle de Hebb : *"Neurons that fire together wire together"*, exprimée en français en ces termes : Lorsque deux neurones déchargent conjointement, cela renforce le lien qui les unit. Plus je tremble, plus il est probable que je tremblerai dans l'avenir. Puis-je dire que la femme qui tremble est un ensemble fréquemment activé de neurones excités et d'hormones de stress libérées en une réaction involontaire, qui s'atténue lorsque je garde mon calme et continue à parler, convaincue de n'être pas en réel danger ? Est-ce là toute l'histoire ?

Dans son livre intitulé *L'Hypothèse stupéfiante*, Francis Crick – qui, avec James Watson, a découvert l'ADN – explique le titre de son ouvrage : "[...] «vous», vos joies et vos peines, vos souvenirs et vos ambitions, le sens que vous avez de votre identité et de votre libre arbitre, ne sont rien de plus que le comportement d'un vaste assemblage de cellules nerveuses et de molécules qui y sont associées[118]." Il se peut que Crick exprime là, en effet, une vérité, mais il y a quelque chose qui cloche dans sa façon de la formuler. Qui donc irait contester que *La Mort d'Ivan Ilitch*, de Tostoï, c'est du papier et de l'encre ou *La Tempête* de Giorgione, de la toile et des couleurs ? Et pourtant où cela nous mène-t-il s'il s'agit d'exprimer ce que sont ces œuvres ? Ai-je tort de considérer qu'"un vaste assemblage de cellules nerveuses" n'offre de *moi* qu'une description inadéquate, ou que ces mots ne répondent pas à la question : que m'est-il arrivé ? Suis-je à la recherche d'un récit, d'une fable afin d'interpréter une débilité qui n'est en tout et pour tout que branchements et excitations synaptiques ? Moins réductionniste que Crick, Joseph LeDoux reconnaît qu'il existe des niveaux de réalité humaine. En témoigne l'intérêt qu'il porte à la question posée par Freud en 1895, lorsqu'il travaillait à son *Projet*, la même question que posèrent les spécialistes de la conversion, ces deux chercheurs qui se trouvèrent occupés à traduire J. Russell Reynolds en langage contemporain plus d'un siècle après sa conférence. LeDoux écrit : "Le problème, c'est qu'on ne voit pas bien le rapport entre les modifications qui se font au niveau neurologique et celles qui se produisent au niveau psychologique[119]." Voilà où le bât blesse.

Le S. de Iouria paraissait traduire toute son expérience sous une forme visuelle. Il me semble que, pour ma part, je traduis tout en sensations et en impressions physiques. Il y a quelques années, j'ai reçu une lettre d'une femme qui appartenait à une association internationale de synesthésie. Elle avait lu mes livres et acquis la conviction que j'*en étais*. Je connaissais mal le phénomène à l'époque et je lui répondis en disant que les chiffres et les lettres n'étaient pas colorés pour moi, sans plus. Ce qu'elle ne m'avait pas dit, c'est qu'il existe une chose appelée synesthésie visuo-tactile, la perception par une personne, rien qu'en la regardant, de ce que ressent une autre personne que l'on touche ou que l'on frappe[120]. Mais cette forme de synesthésie n'a été ni décrite ni nommée avant 2005. Quand j'étais petite, ma mère me disait que j'étais "trop sensible pour ce monde". Même si, dans sa bouche, ce n'était pas un reproche, j'ai, pendant des années, considéré mon hypersensibilité comme un défaut. Aussi loin que remontent mes souvenirs, j'ai ressenti les chocs, les heurts et les coups subis par d'autres, ainsi que leurs humeurs, *presque* comme s'ils étaient miens. Je peux dire la différence entre un contact réel et celui que je ressens en regardant mais, de toute façon, la sensation est là. J'ai mal à la cheville foulée d'un autre comme si c'était la mienne. Voir une mère caresser un enfant me donne le plaisir physique que je donnerais ou prendrais à faire le même geste. Si quelqu'un est blessé dans un film, il me faut fermer les yeux ou gagner la sortie. Enfant, j'ai passé aux toilettes la moitié des épisodes de *Lassie*. Les films violents et les histoires d'épouvante me sont intolérables parce que je *ressens* les souffrances de la victime. Regarder, ne serait-ce que penser à de la glace ou à un glaçon me donne la chair de poule. Mon empathie est extrême et, pour être honnête, il m'arrive de ressentir à l'excès et il me faut alors me protéger d'une surexposition aux stimuli qui me transformerait en pilier de chair douloureuse. Tout cela est apparemment caractéristique des gens qui font de la synesthésie visuo-tactile.

Je fais aussi de fortes réactions sensorielles aux couleurs et à la lumière. Par exemple, au cours d'un voyage en Islande, j'étais dans un bus et je regardais par la fenêtre cet extraordinaire paysage sans arbres, quand nous passâmes à côté d'un lac qui avait une couleur inhabituelle. Son eau était bleu-vert et d'une pâleur glaciale. La couleur m'agressa à la façon d'un choc, lequel me parcourut le corps entier et je me retrouvai en train d'y résister, de fermer les yeux, d'agiter les mains dans l'effort d'expulser de mon corps cette teinte intolérable. Ma compagne de voyage, qui était assise à côté de moi, me demanda ce qui n'allait pas. "Je ne peux pas supporter cette couleur, elle me fait mal", lui répondis-je. Elle fut surprise, c'est bien compréhensible. La plupart des gens ne se sentent pas agressés par les couleurs. Des lumières de différentes sortes provoquent en moi des émotions distinctes : douceur du soleil de l'après-midi à travers une fenêtre, caractère irritant de rues mal éclairées, cruauté du fluorescent. Comme le rapporte Louria, S. disait que, quand il se trouvait dans un tramway, il sentait dans ses dents son fracas métallique[121]. Les bruits affectent souvent mes dents. Un bruit les heurte, ou les brûle, ou vibre dans mes gencives. C'est peut-être normal. Je ne sais pas. Si je regarde trop de tableaux (et j'adore les tableaux), je suis prise de vertige et de nausées. Cette affection aussi a un nom : le syndrome de Stendhal, lequel, chez moi du moins, est lié à la migraine et susceptible d'évoluer en migraine caractérisée.

On peut se demander pourquoi ce mal – ou, plutôt, cet état – n'a été identifié que récemment. La réponse se trouve en partie dans les neurones miroirs. Il existe une théorie selon laquelle, chez des gens comme moi, ils seraient hyperactifs. Sans la découverte de Gallese, Rizzolatti et leurs collègues, et les recherches qui en ont découlé, ma version de la synesthésie serait sans doute restée non identifiée dans l'univers de la science pure, un état *psychologique* dépourvu de concomitance organique. Les neurobiologistes l'auraient considérée avec scepticisme (ainsi qu'ils considéraient toutes les formes de la synesthésie, jusqu'à ce qu'il devînt évident qu'on pouvait comprendre celle-ci comme une fonction des processus génétiques et neuraux) ou l'auraient simplement ignorée en tant que sujet dépassant leurs compétences. Sans une hypothèse biologiquement plausible, une étude est impossible. Le déclin du behaviorisme en psychologie a sans aucun doute joué un rôle, lui aussi. Soudain, des états subjectifs sont devenus, du moins dans certains cercles, un sujet d'étude raisonnable. Dans le *Journal of Consciousness Studies*, des philosophes analytiques anglo-américains débattent sans fin du problème des *qualia* – l'expérience phénoménale et individuelle du monde, que l'on ne peut (selon certains) réduire à une description de circuits neuronaux activés ni à quelque "traitement de l'information". Il existe dans plusieurs domaines des savants qui ne seraient pas d'accord avec la formulation réductionniste "vous êtes un vaste assemblage de cellules nerveuses".

Beaucoup de gens éprouvent du soulagement lorsqu'ils découvrent qu'un trait de caractère qui a toujours été le leur possède un nom, appartient à une catégorie scientifique légitime et fait partie d'une ample taxinomie de maladies et de syndromes. Dans *Blue Cats and Chartreuse Kittens (Chats bleus et chatons chartreuse)*, Patricia Lynne Duffy décrit le bonheur qui fut le sien en 1975 lorsqu'elle tomba, dans *Psychology Today*, sur un article qui décrivait sa synesthésie des couleurs. "Je le lus, les yeux écarquillés, stupéfaite de découvrir que mes visions insolites faisaient partie d'un schéma de perception étayé par une documentation, possédant une histoire et même une place dans la littérature scientifique[122]." La synesthésie visuo-tactile est un phénomène identifié depuis peu et que l'on suppose rare. Mon sentiment, c'est qu'à présent qu'il a été officiellement diagnostiqué, nous pourrions surgir en foule, beaucoup plus nombreux que les chercheurs ne le soupçonnent. Après tout, c'est l'empathie qui gît au cœur de ce phénomène et, dans l'espèce humaine, l'empathie existe à une échelle variable, allant d'une participation radicale aux sensations d'autrui à une totale indifférence. Les autistes ont beaucoup de difficulté à se représenter l'esprit d'autrui. Les psychopathes, en revanche, sont capables de lire brillamment les gens afin de les manipuler, mais notoirement dépourvus de tout lien empathique avec leur prochain. De même, les gens dont les lobes frontaux du cerveau sont endommagés deviennent étrangement froids, leur personnalité est complètement transformée, ainsi qu'en témoigne le célèbre cas neurologique du cheminot Phineas Gage, qui survécut à une blessure atroce. Après qu'une barre d'acier lui eut traversé les lobes frontaux, il parut guérir d'une façon miraculeuse. Sa personnalité avait changé, toutefois. Lui qui avait été un homme aux manières polies, conscient de ses responsabilités, ne pouvait plus faire de projets. Il devint lunatique et d'une étrange indifférence à autrui. Sentiment de culpabilité et empathie avaient également disparu avec les morceaux de son cerveau perdus dans l'accident.

Quelle que soit la nouveauté de la synesthésie visuo-tactile, un phénomène connu sous le nom de *transitivisme* est observé en neurologie et en psychologie depuis que Carl Wernicke l'a ainsi dénommé en 1900. Le psychiatre le définissait comme la projection par un individu de ses symptômes sur un double afin de se sauver lui-même[123]. Le *Doppelgänger* supporte pour lui sa souffrance ou réalise ses désirs, comme le faisait le "il" de S. En psychiatrie, on utilise encore ce terme pour décrire un état dans lequel des patients (souvent psychotiques) se confondent avec quelqu'un d'autre. Le seuil entre le "je" et le "tu" devient flou ou s'effondre entièrement. Charlotte Buhler, une pédopsychologue née à Vienne en 1893, avait observé que le transitivisme est fréquent chez les jeunes enfants. Lacan cite Buhler dans sa célèbre conférence de 1949 sur le stade du miroir, mais le phénomène est familier à beaucoup de parents qui ont été témoins de cette scène sur une aire de jeux : un tout-petit tombe et fond en larmes. Un camarade le voit tomber et se met à pleurer. L'un s'est fait mal, l'autre pas – mais tous deux braillent, inconsolables. Telle est la confusion à l'œuvre dans le transitivisme.

K. Hitomi, un neuropsychiatre d'Osaka, parle de deux cas de schizophrénie dans un article intitulé "«Sujet transitionnel» : deux cas de psychothérapie de schizophrénie[124]". Sa première patiente était une femme d'une trentaine d'années, malade depuis l'adolescence et qui ne réagissait pas aux médicaments. Le médecin introduisit dans la thérapie une poupée que la patiente appela T. Il apparut bientôt que T. servait à la femme d'objet extérieur ou de double d'elle-même. Un jour où la patiente pleurait et paraissait incapable de s'arrêter, le médecin lui demanda : Qui pleure ? C'est moi, répondit-elle. Et T. ? Oh, il arrive à T. de pleurer aussi, quelquefois. "La patiente cligna des yeux un moment d'un air intrigué, note Hitumi, et puis elle s'écria : «Oh, T. s'est mise à pleurer», et la patiente cessa de pleurer." Avec le temps, T. acquit d'autres fonctions. Le *Doppelgänger* montait la garde pendant la nuit pour écarter des attaquants imaginaires, afin que la patiente puisse dormir profondément. Quand la poupée tombait par terre, son *alter ego* criait "Aïe !" Plus tard, T. devint partie prenante de la régression de la femme à un état infantile dont elle ressortit guérie.

Le second patient, lui, devint le reflet de son thérapeute. Après avoir regardé son médecin rajuster sa cravate, le malade annonça : je suis le miroir. Après quoi, lors de chacune des séances, il dessina son psychothérapeute, en prêtant une attention particulière à ses cravates ; au bout de quelques mois, ses croquis commencèrent à changer, à ressembler de plus en plus au patient lui-même, jusqu'à devenir non plus une image de l'autre mais un autoportrait[125]. Ni l'une, ni l'autre de ces histoires n'étonnerait un psychothérapeute ou toute personne ayant passé quelque temps dans un service de psychiatrie. Ce sont des contes du pays d'*Entre-Deux*.

L'usage que fait Hitomi de l'expression "sujet transitionnel" constitue une référence à "l'objet transitionnel" de Winnicott. Pour Winnicott, les phénomènes transitionnels concernent la "zone intermédiaire" de l'expérience humaine[126]. C'est Winnicott qui a nommé et interprété le besoin commun aux enfants de tenir leur "doudou", leur ours ou leur tétine, de sucer leur pouce ou d'entendre la même chanson chaque soir avant d'aller au lit. C'est lui aussi qui a compris que pour un enfant l'objet transitionnel est le symbole d'autre chose – le sein de la mère, son corps ou sa présence – mais que sa grande importance tient aussi à ce qu'il s'agit d'un objet réel *entre* eux. La poupée de la première patiente était moins un objet qu'un sujet alternatif sur lequel elle pouvait projeter sa fragile personnalité et grâce auquel elle pouvait protéger celle-ci. Au fur et à mesure des progrès de la thérapie, le rôle de la poupée perdit de son importance et une interaction s'établit entre la femme et son médecin, lequel se métamorphosa en la mère de sa patiente. L'homme, en revanche, devint le reflet de son thérapeute afin de découvrir sa propre image miroir. Il avait provisoirement emprunté la stabilité de son médecin.

L'attention qu'il portait à la cravate m'intéresse parce qu'au-dessus de la cravate se trouve le visage, lieu d'interactions intimes et partie du corps qui figure avec le plus de poids dans ces deux processus distincts : reconnaître et identifier. *Je te connais. Tu es Fred.* (Je me suis souvent demandé dans quelle mesure j'identifierais les mains ou les pieds de mes familiers. Il faudrait que je les connaisse rudement bien.) Sauf en cas de timidité écrasante, c'est au visage de la personne que nous nous adressons, surtout à ses yeux, car c'est là qu'il nous semble pouvoir la trouver. Ce qui se passe entre deux personnes, même lors d'une conversation ordinaire, est malaisé à quantifier ou à mesurer. Entre deux interlocuteurs, une grande partie de l'échange est informulée. Nous lisons sans cesse les visages, et d'innombrables réflexions, projections, transferts et identifications se produisent à différents niveaux de notre conscience.

Dans le premier cas rapporté par Hitomi, patiente et thérapeute avaient pu se servir d'une poupée comme objet personnel transitionnel entre eux, afin de jouer avec des formes de son identité brisée. Dans le second, le patient s'était servi du thérapeute comme d'un miroir qui peu à peu le refléterait lui-même. Dans les deux cas, la création d'un double avait ouvert la voie à la guérison. L'aliénation en un objet représentatif (la poupée) ou en une autre personne (le thérapeute) avait permis la restauration du “moi”.

Au cours de la dernière semaine que j'ai passée auprès de mon père avant sa mort, nous observâmes une routine, ma mère et moi. Nous arrivions souvent dans l'après-midi pour lui rendre visite car c'était le moment de la journée où il avait le plus de forces pour parler. Nous le quittions le soir, après que ma mère l'avait aidé à se préparer pour la nuit – en accomplissant les rituels du brossage des dents, de l'hydratation de sa peau sèche et en s'assurant que ses oreillers, ses draps et sa couverture étaient arrangés confortablement. Ensuite nous lui souhaitions une bonne nuit, rentrions à la maison et, en général, ne tardions pas à aller nous coucher. Je crois que nous étions toutes les deux épuisées émotionnellement, même si nous en parlions rarement. L'un de ces derniers soirs, je me glissai dans le lit étroit et trop court dans lequel j'avais dormi quand j'étais petite, et rabattis sur moi les couvertures. Tandis que, couchée là, je pensais à mon père, je sentis le tube d'oxygène dans ma narine et son inconfort, la lourdeur de ma jambe invalide, dont on avait retiré une tumeur quelques années auparavant, la tension de mes poumons contractés, et la sensation soudaine d'une impuissance panique à la pensée d'être incapable de sortir du lit par mes propres moyens et de devoir appeler à l'aide. Tout le temps que cela dura, quelques minutes seulement, *je fus mon père*. La sensation était à la fois écrasante et atroce. Je sentais la proximité de la mort, son appel inexorable, et il me fallut un effort pour revenir dans mon propre corps, pour me retrouver moi-même.

Je racontai à ma mère ma métamorphose nocturne, et elle dit : "Jamais ça ne m'est arrivé." Bien sûr, ma mère s'était occupée de mon père pendant des années alors que son emphysème s'aggravait et, si elle avait été sujette à de telles transformations, cela l'aurait paralysée. A ce moment-là, mon père m'avait déjà autorisée à utiliser ses mémoires pour le roman que j'étais en train d'écrire. Quand il mourut, je travaillais au livre qui était, en partie, une version imaginaire de sa vie. J'avais lu et relu ses mémoires. J'avais lu les lettres qu'il avait écrites à ses parents quand il était soldat durant la Seconde Guerre mondiale dans le Pacifique et, en guise d'exercice, j'avais tapé ces lettres à la machine afin de m'en pénétrer. Le fait de les taper permettait à ses mots de se charger d'une réalité physique au-delà de ce que j'aurais ressenti simplement en les lisant. Mes doigts sont capables d'écouter, eux aussi. J'ai passé quatre années et demie à écrire ce livre. Quand j'ai composé mon discours pour le mémorial, j'ai pris momentanément congé du roman, qui touchait à sa fin, et j'ai éprouvé l'intense sensation de me mettre à écrire à propos du passé : tandis que je faisais le plan de ce que j'allais dire et que je rédigeais mes fiches, il me semblait entendre la voix de mon père telle que je me la rappelais. Je soupçonne, bien que je ne puisse le savoir, que lorsque j'ai ouvert la bouche pour prendre la parole ce jour-là, chez nous, à Northfield, mon identification à mon père, qui a toujours été forte, était devenue plus intense encore. Les mots du texte que j'avais écrit tombaient quelque part entre nous – ni les siens, ni tout à fait les miens –, quelque part au milieu. L'un des thèmes dominants du roman est la mémoire traumatique. Pour le livre, j'ai emprunté les mots de mon père, les termes dans lesquels il décrit le meurtre d'un officier japonais, et j'ai inséré les passages où il évoquait ses flash-back, l'un d'eux en particulier : une crise de tremblements qui l'avait saisi alors qu'il écoutait chanter un hymne dans la chapelle du campus de Saint-Olaf, non loin de l'endroit où je me trouvais l'après-midi où j'ai tremblé si fort que j'ai cru que j'allais tomber.

Voilà une histoire. Est-ce une histoire vraie ? J'ai l'impression de tourner autour d'une vérité émotionnelle. *Je m'étonne moi-même de constater que mes observations de malades se lisent comme des romans.* Freud écoutait des histoires. Des événements se sont produits, et nous les tissons en un récit qui rime à quelque chose. Dans son retentissant essai intitulé *Deuil et mélancolie*, Freud fait la distinction entre deux formes de souffrance. Quelqu'un qui est en deuil, explique-t-il, a subi une perte dont il a conscience, et c'est le monde extérieur qui devient pour lui gris et dépourvu de sens aussi longtemps que dure son chagrin. Dans la mélancolie, il existe entre la personne affligée et le mort des identifications puissantes et conflictuelles, dont certaines sont inconscientes, et la perte devient interne, non plus externe – c'est une blessure psychologique[127]. En relisant cet essai, je me disais : oui, il y a du vrai là-dedans. Et pourtant je ne souffre pas de cette impression de ne rien valoir que Freud attribue aux mélancoliques, qui s'acharnent à se décrier et semblent dépourvus de toute joie. Je ne suis pas déprimée. Il existe pourtant dans mon deuil la zone floue d'un entre-deux, le sentiment d'une possession partielle par un autrui bien-aimé, qui est ambivalente, complexe et chargée du poids d'émotions que je ne puis vraiment exprimer.

Ma journée : le paragraphe ci-dessus est la dernière chose que j'ai écrite au bout de quelques heures de travail, un mardi matin, avant de me hâter d'aller déjeuner avec un de mes amis très cher, psychiatre et psychanalyste de son état. Entre autres choses, nous parlâmes de me trouver un analyste. Je m'étais décidée à sauter le pas, et G. me déclara qu'il avait quelqu'un à me recommander. Quand il me dit cela, je me sentis soulagée. Après le déjeuner, j'allai faire mes deux cours d'écriture à l'hôpital, comme d'habitude. Dans le premier, destiné à des patients adolescents, je n'avais qu'une élève, une jeune fille de seize ans sensible et sérieuse, qui était aussi une passionnée d'écriture. Je l'appellerai D. Bien que je demande toujours à mes élèves adultes de réagir à un texte, en général un poème, je me suis aperçue que les jeunes s'en tirent mieux avec un seul mot, un mot évoquant une émotion. Je choisis le mot *peur*. D. décrivit sa peur des escalators, une peur qu'elle avait réussi à maîtriser. J'écrivis à propos de ma peur en voiture, qui avait commencé à s'atténuer lentement. Je lui demandai ensuite s'il y avait une autre émotion dont elle souhaiterait parler, et elle répondit : la tristesse. Dans son essai, elle écrivit qu'elle se coupe. Quand elle est triste ou qu'elle se sent seule, ou sous tension à l'école, ou lorsque les contrôles sont difficiles et que, parfois, elle les rate, elle se coupe. Tristesse et coupure vont ensemble. Pendant le cours pour adultes, nous lûmes quelques poèmes de Theodore Roethke auxquels nous réagîmes. Ensuite je me baladai un peu en ville avant de prendre part à une réunion du PEN Club organisée à Cooper Union en faveur de la cause démocratique des moines de Birmanie. Je pris mon propranolol et lus à haute voix un texte bref écrit par un comédien birman bien connu, Zargana, où il raconte l'interrogatoire brutal auquel le soumirent les autorités après sa première arrestation, en 1988. Il est actuellement de nouveau en prison pour avoir critiqué le gouvernement militaire après le catastrophique cyclone Nargis. (Je ne tremblai pas.)

Mon rêve, cette nuit-là : j'erre dans des corridors et des salles, et je finis par me retrouver dans une sorte de labo, une petite pièce nue. Un médecin en blouse blanche est là, debout. Il me dit que j'ai le cancer. Le chiffre 3 fait, je ne sais comment, partie du diagnostic. Le cancer est inopérable. Je vais mourir. On n'y peut rien, dit-il. Je m'éloigne du médecin et c'est alors seulement que je deviens intensément consciente des tumeurs sous la peau de ma gorge et autour de mon cou, des protubérances arrondies qui bougent sous mes doigts quand je les touche et confirment la gravité de mon état. Soudain, me voici sur le siège arrière d'une voiture en marche, derrière un moine bouddhiste en robe safran. Eh bien, me dis-je, j'ai toujours su que le livre que je suis en train d'écrire ne serait pas long, mais maintenant je vais devoir le couper court, le terminer plus tôt que je n'en avais l'intention. Je vais mourir. Ce sera le dernier livre que j'aurai écrit. Cela m'emplit d'une tristesse terrible – pas de désespoir, comme ce serait le cas dans la vie éveillée, mais d'une tristesse profonde, inexprimable. Alors je me réveille.

Comme le font beaucoup de rêves, celui-ci a ramassé ma journée en une curieuse et dense petite parabole. Avant même d'être sortie de mon lit, j'avais compris que les tumeurs de mon rêve faisaient allusion à la tumeur maligne que les médecins ont ôtée de la cuisse de mon père, rendant sa jambe raide et inutile, cette jambe dont j'avais eu la sensation si intense durant mes minutes d'identification quasi complète avec mon père alors que j'étais couchée dans mon lit d'enfant. Le fait que mes tumeurs cancéreuses surgissent de mon cou me rappela le patient schizophrène d'Hitomi dessinant les cravates de son thérapeute jusqu'au moment où il commença à concentrer son attention sur les traits d'un visage, d'abord celui de son médecin et puis le sien. Le rêve faisait suite à ma journée à l'hôpital, ce jour durant lequel je vois, chaque semaine, des psychiatres en blouse blanche aller et venir dans le service. Ce mardi-là, au déjeuner, G. m'avait conseillé un psychothérapeute et, quelques heures à peine auparavant, j'avais écrit à propos de l'importance des visages dans la reconnaissance et l'identification d'autrui. Mais le cou est aussi la zone où commence la femme qui tremble. Un cou malade faisait une parfaite image onirique de mon symptôme. *Du menton au sommet du crâne, j'étais moi, telle que je me connaissais. De mon cou à mes pieds, j'étais une inconnue grelottante.*

Le cou n'est-il pas l'endroit où finit la tête et où le corps commence ? et la mystérieuse cohabitation de l'esprit et du corps ne constitue-t-elle pas, dans toute son ambiguïté, le sujet de ce livre, ce même livre que je suis maintenant en train d'écrire et que, dans le rêve, j'étais en train d'écrire et allais devoir couper court ? Les mémoires de mon père furent *son dernier livre*. Le chiffre 3 plane au-dessus du diagnostic comme le chiffre de la désolation – ce qui évoque le S. de Louria, autre personnage de ce texte, Monsieur Synesthésie, l'homme de la mémoire visuelle par excellence, quelqu'un dont l'initiale du nom est la même que celle de mon prénom. La voiture est un véhicule de peur. J'avais écrit à ce propos dans la journée, à l'hôpital. Plus tard, ce soir-là, je m'étais trouvée assise juste derrière un moine bouddhiste qui avait été un des leaders des manifestations de mai 2008 contre le gouvernement birman, or un personnage qui lui ressemble apparaît sur le siège avant de l'automobile de mon rêve. Comme tout le monde dans la salle, à Cooper Union, j'avais regardé un extrait de film où l'on voyait courir des manifestants fuyant la fusillade et des blessés en sang dans les rues de Rangoon. J'avais lu le passage dont on m'avait confié la lecture. A la fin de son texte, Zargana écrit : "Et pourtant il n'y avait rien que nous pussions faire…" Dans le rêve, le médecin dit : "On n'y peut rien." La tristesse que j'éprouvais en rêve remontait à la tristesse de D., aux coupures qu'elle s'infligeait et à mon obligation de couper court à mon livre – renvoyant, peut-être, au langage interrompu entre mon père et moi, à des livres ultimes, mais aussi à la voix, ma voix dans une gorge malade et encombrée et la voix de mon père, désormais silencieuse, et à moi quand je parle en public et m'efforce de parler pendant que je tremble, ce qui est mon symptôme, ma faiblesse ou mon infirmité, que le rêve transforme en maladie mortelle, comme la maladie mortelle de mon père, laquelle n'avait pas sa jambe pour siège mais ses poumons et son souffle et l'avait privé de sa voix, ce silence tremblant, terrible – la privation de parole[128]. La dernière fois que je l'avais eu au téléphone, il ne pouvait plus parler. L'identification comme blessure psychologique. Et, à la fin, le rêve revenait à l'un des poèmes de Theodore Roethke que j'avais lus avec les patients adultes de Payne Whitney. Intitulé "Silence", il se termine ainsi :

Si je devais jamais chercher un répit
Dans cette monotonie de peine,
Les nerfs tendus qui vont à la gorge
Ne laisseraient pas échapper un son fêlé :
Ce qui secoue mon crâne à le délabrer
Jamais n'effleurera d'autre oreille[129].

Dans *L'Interprétation des rêves*, Freud écrit : "Nous avons déjà dû indiquer qu'on n'est à vrai dire jamais sûr d'avoir complètement interprété un rêve ; même lorsque sa résolution apparaît satisfaisante et sans lacunes, il n'en reste pas moins toujours possible qu'à travers le même rêve se révèle un autre sens encore[130]." La signification est quelque chose que nous trouvons et fabriquons. Elle n'est jamais complète. Il y a toujours des trous. Il n'existe pas chez les scientifiques de consensus sur les raisons pour lesquelles nous dormons ou rêvons. Personne ne le sait vraiment. Les spécialistes du sommeil admettent que ce que Freud qualifiait de *Tagereste*, "restes diurnes", apparaît dans nos rêves. Beaucoup, mais pas tous, conviennent que les rêves sont plus émotionnels que la vie éveillée. On sait que les parties exécutives du cerveau qui inhibent nos actions quand nous sommes éveillés (le cortex préfrontal dorsolatéral) sont dans une grande mesure au repos lorsque nous dormons et rêvons. L'idée a longtemps eu cours chez certains savants que le sommeil contribue à la solidification des souvenirs, mais d'autres ne sont pas de cet avis. Il n'y a aucun consensus sur le fait que les rêves ont une signification. Les avis sont partagés quant à savoir exactement quelles parties du cerveau sont actives ou inactives ; ceux qui sont d'accord entre eux interprètent souvent l'activité de différentes façons. Contrairement à l'ancienne orthodoxie, on sait aujourd'hui qu'il existe des rêves apparaissant dans la phase paradoxale et d'autres en dehors d'elle. L'association autrefois directe entre la phase paradoxale et le rêve n'est plus en vigueur. Un certain nombre de chercheurs ont affirmé que les rêves constituent une sorte de décharge chaotique, un dépôt de résidus baratté durant la nuit et dépourvu de toute fonction d'ordre plus élevé, que les rêves, de par leur nature même, ne peuvent ni contenir ni révéler des idées complexes. Allan Hobson, l'un des plus éminents spécialistes des rêves, antifreudien convaincu, a proposé, s'agissant des rêves, la théorie de l'activation-synthèse. Cette théorie pose que le pont du tronc cérébral, qui, en termes d'évolution, fait partie du cerveau primitif, est crucial dans la formation des rêves. Selon Hobson et son confrère Robert McCarley, les rêves sont dépourvus "de tout contenu primaire idéationnel, volitif ou émotionnel[131]". Hobson affirme en outre que les intrigues des rêves sont sans ordre cohérent et ne supposent pas une conscience autoréflexive. L'une de ses expériences consistait à prendre des récits de rêves, à les couper en morceaux et à demander aux assistants de les rassembler en bon ordre, tâche qui s'avéra extrêmement difficile[132].

Mais si je prends l'exemple de mon propre rêve, une question s'impose : le diagnostic de mon cancer par le médecin ne devait-il pas précéder ma rumination, dans la voiture, de ce même diagnostic ? N'y a-t-il pas là une forme de logique narrative ? Mon cerveau n'a-t-il pas fabriqué en rêve un récit de ma rencontre avec une information grave suivie de ma tristesse la concernant ? Et, même si j'ignorais que je rêvais, n'étais-je pas dotée dans le rêve d'une forme de conscience autoréflexive ? Ne méditais-je pas sur les derniers livres et la fin de la vie ? Et n'y a-t-il pas dans ce rêve des idées condensées et un contenu émotionnel primaire ? Suis-je une rêveuse unique, sans précédent dans l'histoire du monde ? J'en doute. C'est ici l'un de ces cas où une hypothèse de travail laisse de côté les cas qui la contredisent.

Un article sur ce sujet par Antti Revonsuo adresse à Freud un salut par le biais de son titre : *La réinterprétation des rêves : hypothèse évolutionnaire de la fonction du rêve*. A la différence de nombreux chercheurs, Revonsuo cite "l'évidence irréfutable" du fait que le contenu des rêves reflète "les problèmes émotionnels du rêveur[133]". Il me semble que mon rêve offre, de cette vérité, une puissante illustration. Afin d'élaborer, toutefois, une thèse évolutionnaire selon laquelle le rêve est une fonction primitive du cerveau, et nos rêves conflictuels constituent une sorte de terrain d'entraînement du cerveau destiné à nous préparer à affronter des menaces, il écrit : "Par conséquent, la principale raison pour laquelle nous ne rêvons pas d'écriture, de lecture et d'arithmétique est probablement que ce sont là des nouveaux venus culturels qui doivent être introduits de force dans notre architecture cognitive[134]." Selon l'hypothèse de Revonsuo, je suis une créature plus évoluée que la plupart des humains parce que *je rêve tout le temps d'écriture et de lecture*. Si flatteuse que puisse être l'idée que je me situe plus avant que les autres sur l'échelle de l'évolution, elle me paraît douteuse. Etre au clavier de mon ordinateur, lire des livres, trouver des lettres et autres textes, ainsi qu'entendre des mots pleins de sens, souvent apparemment révélateurs, sont choses qui depuis longtemps jouent un rôle important dans mes rêves. Quoi que l'on puisse penser de mes capacités d'interprète des rêves, mon rêve de cancer m'a servi, entre autres choses, de réponse à la lecture que j'avais faite plus tôt dans la journée du "Silence" de Roethke. Jusqu'au moment où, après le rêve, j'ai relu le poème, je n'avais pas remarqué la pertinence frappante des mots en ce qui me concernait personnellement : non seulement *répit*, *peine* et *gorge*, mais aussi *secoue*. Sans que l'enseignante bien éveillée qui était présente dans la classe en eût la moindre conscience, une autre partie de moi avait fait sien le langage du poète, et l'avait intégré dans le rêve.

Ecriture et lecture, mes occupations quotidiennes, sont souvent transmuées quand je dors en langage ou en logique de rêve. L'un de mes amis, R., un physicien qui se consacre aujourd'hui à la recherche neuroscientifique dans le domaine de la perception, m'a raconté un rêve pendant que nous déjeunions. Je lui ai demandé de me le raconter à nouveau dans un courriel :

> Je travaillais depuis des jours à un calcul difficile exigeant de nombreuses pages d'une algèbre complexe, où deux quantités mathématiques jouaient un rôle symétrique. Je les avais nommées *x* et *x'*. Dans l'ensemble, le problème me résistait ; chaque fois que j'avais l'impression d'approcher d'une solution, le calcul me claquait entre les doigts. Une nuit, je rêvai de deux frères jumeaux. Effrontés,

déplaisants, agressifs, ils arrivaient de je ne sais quel pays lointain ; tous deux étaient dans mon rêve des acteurs humains, mais je savais en même temps qu'il s'agissait de x et x'. J'ai un souvenir très net de mon impression, durant le rêve, que c'étaient là les éléments de mon calcul et qu'ils m'étaient manifestement antagonistes. Au début, ils se comportèrent d'une certaine manière, et puis ils devinrent plus erratiques. Si je me souviens bien, au cours du rêve, leur identification à x et x' diminua peu à peu et ils devinrent de vrais humains. Comme tu peux voir, ce n'est pas que je continuais en rêve mon calcul proprement dit mais que certains des éléments avaient pris forme humaine et, bien qu'ils ne pussent être manipulés de manière algébrique, avaient gardé le “caractère” qu'ils avaient dans le calcul.

Je me suis réveillé plusieurs fois (le matin ou au milieu de la nuit) face à une conclusion mathématique évidente, comme si j'avais fait les calculs en détail tout en dormant. Je n'avais plus qu'à aller chercher un bout de papier et à l'écrire, toute fraîche dans ma tête.

Le rêve de R. présente une remarquable similitude avec le monde animé de S. peuplé de chiffres aux pieds enflés ou dotés de tempéraments moroses ou joyeux. S. vivait dans un rêve continu de personnifications et d'images frappantes. Comme si, chez lui, la mécanique du rêve ne s'arrêtait jamais. Après une nuit de sommeil, il est arrivé à R. de résoudre des problèmes mathématiques, de même que je me suis souvent éveillée ayant trouvé la façon de me sortir d'une impasse dans l'écriture – la solution semblait m'avoir été donnée durant la nuit. Il n'y a pas de doute que nous éprouvons, R. et moi, un fort attachement affectif à notre travail, qui trouve ainsi le chemin de nos rêves. A tout le moins, donc, j'ai découvert là deux exemples de personnes qui font des rêves où figurent des transformations de textes écrits et de formules mathématiques. On pourrait dire de R. et moi que nous travaillons en dormant.

Mais qui est le rêveur dans le rêve, le "je" qui marche, parle et circule en voiture pendant la nuit ? Est-ce le "je" diurne ? En est-ce un autre ? Cet être nocturne halluciné a-t-il quelque chose d'utile à me dire ? Les rêves font partie de notre conscience, mais pas de notre conscience éveillée. Les stimuli incessants qui nous bombardent dans la journée sont absents pendant la nuit, et l'esprit fabrique son propre matériau hallucinatoire, au moins en partie, comme compensation à ce qui a disparu. Dans un rêve, les transitions sont souvent brutales – je ne sais pas pourquoi je suis montée dans cette voiture avec le moine, par exemple. Les lois de la physique n'ont pas cours dans ce monde parallèle. Et les rêves sont moins abstraits que les pensées produites en état de veille : les chiffres du travail de la journée, *x* et *x'*, se transforment la nuit en frères belliqueux. Les tumeurs au cou condensent mes soucis en une seule et succincte image nocturne. Mais se pourrait-il que je me trompe ? Y a-t-il vraiment dans les rêves une quelconque signification ? La lecture d'un rêve n'est-elle le fait que de mon interprète cérébral gauche, qui turbine le lendemain matin pour imposer une forme narrative là où il n'y a que des fragments ? Non, je ne le crois pas. Il me semble que rêver, c'est *une autre façon de penser*, plus concrète, plus économique, plus visuelle et souvent plus émotionnelle que les pensées diurnes mais, néanmoins, une manière de *repenser la journée*. Et même si j'ai changé de sexe, s'il m'est venu de la fourrure ou si je vole dans les airs, dans mon rêve la première personne m'appartient, c'est mon "je" rêveur.

Mon intuition que les rêves ont un sens, à laquelle je suis arrivée à force d'expériences personnelles vécues durant le sommeil, n'est pas sans défenseurs chez les scientifiques. Ayant étudié des gens atteints de lésions qui modifient les schémas de leurs rêves, Mark Solms conteste que les rêves ne soient qu'un dépotoir mental. "Il semble, écrit-il, que *des mécanismes spécifiques du cerveau antérieur soient impliqués dans la création de l'imagerie des rêves* et que *cette imagerie soit fabriquée activement au moyen de processus cognitifs complexes*[135]." En d'autres termes, certaines fonctions mentales supérieures sont en activité lorsqu'on rêve. Ce sujet continue à susciter des empoignades intellectuelles comptant d'ardents partisans de part et d'autre. En 2006, Hobson et Solms organisèrent à Tucson un débat officiel, accueilli par le Center of Consciousness Studies. Le thème en était la théorie des rêves de Freud : Solms pour, Hobson contre. Bien que Hobson fût revenu sur sa conviction antérieure que les rêves sont dépourvus de toute signification et de tout caractère symbolique, il dut s'incliner devant Solms (l'assistance votait) à une forte majorité[136]. Je demeure fascinée de voir à quel point Freud reste controversé et combien les discussions concernant ses idées sont émotionnelles. Mon opinion personnelle, c'est qu'admettre que Freud avait raison à propos de certains aspects du psychisme ne signifie pas qu'il ne se trompait pas sur d'autres points. Y a-t-il une raison quelconque de vouloir à toute force embrasser ou rejeter une théorie dans son ensemble ?

Pour autant que je sache, l'idée que les rêves possèdent à la fois une forme et une signification se répand chez les chercheurs. Quel que soit le cas, ma vie intérieure personnelle a été affectée par mon rêve, avec ses composants étranges mais concis. Et, plus que tout peut-être, j'ai gardé de ce rêve la trace d'une émotion qui reflète authentiquement mon souci. Si j'apprenais demain que j'ai un cancer inopérable, je ne serais pas seulement triste. Je serais terrifiée, révoltée, effondrée. Dans le rêve je n'étais que triste, étrangement libérée, résignée et capable de méditer calmement sur mon sort. En d'autres termes, c'était un rêve où il n'était pas question de ma mort mais de ma relation à une autre mort – une mort que je semble porter en moi partout et tout le temps, telle une maladie. Je peux me tromper, mais j'ai le sentiment de n'avoir jamais été aussi proche de la femme qui tremble que dans ce rêve.

Ces questions nous renvoient au problème de l'expérience subjective. Les rêves utilisent le langage et l'imagerie de la vie éveillée, mais leurs significations sont personnelles. A l'instar de nombreux psychanalystes contemporains, je ne vois pas dans les rêves de symboles universels, où un escalier signifierait une chose, un arbre ou un cerf-volant une autre. Les rêves sont des histoires inventées par et pour le rêveur, et chacun a ses propres replis à déplier, ses propres nœuds à dénouer. Si je n'avais pas démêlé mon rêve en fonction des événements de ma journée et des émotions dominantes de ma vie actuelle, il me serait assurément apparu comme dépourvu de sens. Exclure de l'étude des rêves une réalité subjective complexe, c'est avoir la vue courte, me semble-t-il. Une attention soutenue portée à la journée du rêveur ne rend pas le récit d'un rêve moins décousu ni moins bizarre ; elle confère du sens à ces caractères en les replaçant dans un contexte plus large. Il n'existe pas, néanmoins, de lecture objective d'un rêve. Est-ce le propre de l'interprétation en général ? Nos expériences personnelles contaminent nos idées sur la marche du monde, ce n'est pas un secret. Si Antti Revonsuo griffonnait ou calculait régulièrement dans ses propres rêves, sans doute n'aurait-il pas avancé l'idée que ces activités ne font pas partie des hallucinations nocturnes de tout un chacun. Il est certes possible que, pour la plupart, les gens ne fassent ni dactylographie ni additions dans leur sommeil. Les calculs de mon ami R. ne comportaient pas de manipulations algébriques mais en personnifiaient au contraire les symboles. Si, dans mes rêves, je suis souvent à mon clavier, il est rare que je me souvienne de ce que j'écris. N'empêche que nous faisons figure d'exceptions par rapport à l'hypothèse de Revonsuo et que les exceptions doivent, elles aussi, trouver leur place dans un compte rendu théorique de la vie rêvée des humains. Ce qui est vrai, c'est que la personnalité transpire inévitablement dans toutes les formes de notre vie intellectuelle. Pour comprendre le monde, nous extrapolons à partir de notre propre existence. Dans le domaine de l'art, on considère cela comme un avantage ; dans celui de la science, comme une contamination.

Un exemple spectaculaire de chevauchement entre le personnel et l'intellectuel se produisit lors d'une conférence à laquelle j'assistais. Entre autres sujets, l'intervenante parla des neurosciences et de leur utilité en psychothérapie. Elle consacra en outre un certain temps à l'empathie et au cerveau. Durant la séance de questions et réponses, un homme se leva au fond de la salle et se présenta comme un ingénieur également intéressé par l'étude du cerveau. Il fit alors la démonstration d'une partie de ses connaissances, dont j'ai oublié le contenu mais qui manifestait clairement qu'il était loin d'être un imbécile, avant de déclarer haut et fort que l'empathie n'existe pas. Que l'idée seule en était extravagante. Qu'il n'y croyait pas. La salle, pleine de quelque deux cents personnes, psychothérapeutes et psychiatres pour la plupart, resta silencieuse. J'eus pourtant la sensation palpable qu'un courant parcourait le public, tel un murmure inaudible, si une telle chose se peut. Poliment, silencieusement, un diagnostic de masse s'imposait qui, je l'avoue, me passa aussitôt par la tête : syndrome d'Asperger.

Certes, il est difficile de croire à un état émotionnel dont on n'a jamais fait l'expérience. Ce n'est pas comme croire à l'Antarctique, aux neurones ou aux quarks. Même sans la moindre connaissance personnelle de telles entités, sans jamais les avoir *vues* en réalité, on peut les accepter en confiance, comme faisant partie de nos connaissances culturelles intersubjectives. Par opposition, l'univers de nos sensations est à ce point intériorisé, à ce point inséparable de notre existence même que toute notion que nous entretenons de la normalité y devient d'une extrême subjectivité. Prétendre que cet homme, au fond de la salle, présente un "syndrome", un diagnostic à la mode actuellement, qui le rend *anormal*, ne porte pas atteinte à ce que je veux dire : il est souvent difficile de faire la différence entre des états liés à la personnalité et aux sensations et des systèmes de croyances, des idées et des théories.

Dans *Le Pragmatisme*, William James établit une distinction entre les philosophes "durs" et "tendres", deux tournures d'esprit opposées par tempérament. "Les durs considèrent les tendres comme des sentimentaux et des faibles. Les tendres trouvent les durs frustes, grossiers ou brutaux[137]." Pluraliste, James situe le pragmatisme entre les deux, mais la distinction qu'il a établie reste précieuse. En dépit de leur imprécision, ces catégories nous rappellent l'éternelle division qui sépare des styles de pensée. (James, si conciliant que fût son ton, avait néanmoins la ferme conviction qu'une pensée dépourvue de sentiment était perverse.)

Longtemps, je n'ai lu que des philosophes continentaux modernes, ignorant les Américains et les Anglais. Quand je me suis mise à la lecture de philosophes analytiques anglo-américains, je me suis retrouvée sur une autre planète. Les analytiques, ainsi que je les appelle, aiment à proposer des conditions de vérité et des formules logicomathématiques qui expliquent la nature des choses, comme si le cours changeant de la vie était un jeu de vrai ou faux et si l'expérience humaine n'appartenait à personne. Ils aiment les expériences sur la pensée qui font intervenir des zombies (lesquels nous ressemblent et agissent comme nous, mais sont dépourvus de conscience). Ils ne se lassent pas de raconter l'histoire de Mary, neuroscientifique brillante qui, alors qu'elle vit dans une boîte noir et blanc, sait tout ce qu'il y a à savoir sur les couleurs et le cerveau. Un jour, elle sort de sa boîte et voit une fleur rouge. Voit-elle quelque chose de nouveau ? Ces jeux ne sont pas censés concerner le monde réel ni le fait que nous y vivions. Ils sont censés nous faire réfléchir dans l'abstrait à un problème philosophique. Je sais que je triche si je dis que je *sens* que quelqu'un n'est pas un zombie lorsque je suis assise en face de lui dans une pièce et que je le regarde dans les yeux, et ce serait tricher aussi, sans doute, que de s'interroger sur la manière dont la privation de couleurs pendant toutes ces années pourrait avoir modifié à la fois le cerveau et la personnalité de Mary au point que, lorsqu'elle sort de sa chambre, on pût difficilement savoir ce qu'elle voit en termes de couleurs ; et, qui plus est, si elle avait un cerveau pareil au mien, saurait-elle alors qu'il lui faudrait éviter une nuance particulière de turquoise ? Et que signifie savoir *tout ce qu'il y a à savoir* ? S'agit-il d'une connaissance livresque ? Cela tient-il compte du fait que les couleurs agissent sur nous de manière préconsciente avant même que nous soyons capables de nommer celles que nous voyons[138] ?

Ces philosophes sont les hommes et les femmes (plus d'hommes que de femmes) du manuel de logique de Kiesewetter, ce livre scolaire auquel Ivan Ilitch retourne en esprit durant les derniers jours de sa vie. Tous ne sont pas d'accord quant à l'expérience que Mary peut avoir du rouge, ni quant à la nature de la conscience. Ils en disputent entre eux à grand bruit, et je me sens beaucoup plus attirée par les idées de quelques-uns que par celles des autres. Le philosophe Ned Block, par exemple, s'est découvert un intérêt croissant pour les mystères des maladies neurologiques depuis qu'il se débat avec une théorie de la conscience. A la différence de Daniel Dennett, qui ne croit pas aux *qualia*[139], Block prend très au sérieux l'expérience phénoménale et ne pense pas qu'on puisse en démontrer la non-existence. A l'occasion d'une interview, il s'est demandé si les philosophes qui "n'apprécient" pas la phénoménologie ne pourraient pas, à l'instar du poète-traducteur que j'ai rencontré, être dépourvus de la capacité de produire une imagerie visuelle, réflexion qui fait écho à la mienne à propos de l'ingénieur qui refusait d'accepter l'existence de l'empathie[140]. William James, lui, aurait sans aucun doute rangé tous les analytiques dans le camp des "durs". Je n'ai rien contre la raison ou la logique. Elles constituent, dans la plupart des disciplines, le terrain d'un consensus essentiel à nos conversations collectives, et ce n'est pas que je ne sois pas impressionnée par ces auteurs ni même qu'ils soient toujours rebutants mais, plutôt, que leur lecture me donne souvent le frisson.

De temps à autre, leur froideur devient glaciale. Peter Carruthers, un philosophe formé à Oxford, définit la conscience comme la capacité d'avoir des convictions au second degré – c'est-à-dire non seulement la capacité de faire une expérience A mais aussi celle de savoir que l'on fait l'expérience A. La conséquence de cette idée est que, puisqu'ils ne peuvent faire cela, les animaux sont inconscients.

> Pareillement, donc, dans le cas des bêtes : puisque leurs expériences, y compris leurs souffrances, sont non conscientes, leurs souffrances sont sans caractère moral immédiat. En vérité, puisque tous les états mentaux des bêtes sont non conscients, leurs blessures sont dépourvues de tout caractère moral même indirect[141].

Le raisonnement de Carruthers est tout sauf illogique. Dès lors que la première idée est acceptée, la deuxième suit. Si certains d'entre nous peuvent se demander pourquoi des animaux de laboratoire qui apprennent à éviter des stimuli douloureux devraient être considérés comme *inconscients*, voire pourquoi la douleur n'aurait de signification que lorsqu'elle peut faire l'objet d'une réflexion ou d'une représentation – *Aïe, ça fait mal. Je souffre* –, voilà qui n'a pas sa place dans la thèse de Carruthers. Pour lui, "conscience" occupe la même position qu'occupait "esprit" au XVIIe siècle chez Malebranche, philosophe de l'occasionnalisme. Ce penseur cartésien croyait que, parce que les animaux n'ont pas d'âme et que c'est seulement grâce à nos âmes et à Dieu que nous pouvons, nous autres humains, éprouver des états mentaux, il s'ensuit que nos cousins purement matériels ne peuvent pas éprouver de souffrance. Il me semble que Carruthers a confondu conscience et conscience de soi. En tout cas, son raisonnement impeccable démontre la façon dont une simple étape logique peut déboucher sur ce qui est, à mes yeux, une idée répugnante et de parti pris.

Sans doute suis-je irrémédiablement "tendre d'esprit", mais des formulations logiques peuvent- elles *tout* comprendre ? A la fin de son célèbre et suprêmement logique *Tractatus logico-philosophicus*, Ludwig Wittgenstein a écrit :

> 6.521 – La solution du problème de la vie se remarque à la disparition de ce problème.

> (N'est-ce pas là la raison pour laquelle des hommes pour qui le sens de la vie est devenu clair au terme d'un doute prolongé n'ont pu dire ensuite en quoi consistait ce sens ?)
>
> 6.522 – Il y a assurément de l'inexprimable. Celui-ci se *montre*, il est l'élément mystique.
>
> 7. – Ce dont on ne peut parler, il faut le taire[142].

Wittgenstein a écrit le *Tractatus* au cours de la période où il était soldat sur le front pendant la Première Guerre mondiale. Je ne trouve pas étrange qu'il ait jugé nécessaire de tenir compte de l'indicible, de ce qui n'est ni symbolisé, ni systématisé, ni contenu – ce qui nous échappe. Jamais je n'ai pu croire qu'un système, si séduisant soit-il, puisse embrasser les ambiguïtés inhérentes au simple fait d'être une personne dans le monde. Wittgenstein pensait avoir résolu les problèmes de la philosophie dans le *Tractatus* (bien que certaines "choses" demeurassent à jamais hors d'atteinte de la discipline). Il changea d'avis. L'homme du *Tractatus* n'était pas identique à l'homme des plus tardives *Investigations philosophiques*. D'un point de vue logique, *qu'y a-t-il de commun entre Caïus et le petit Vania ?* est une question dont la réponse est évidente : Caïus et Vania sont tous deux des hommes, les hommes sont mortels et donc Caïus et Vania doivent mourir. D'un autre point de vue, cependant, cette réponse est fausse car la réponse irrationnelle touche au cœur de ce que cela signifie d'être humain.

La réalité du petit Vania n'admet pas la mort n'est pas une proposition insensée. La distance entre les deux représente-t-elle la faille existant entre perspective objective et perspective subjective, entre la science, avec son indispensable logique, et l'art, avec l'irrationalité qui lui est propre, entre le *Körper* et le *Leib* de Husserl ?

Dans son commentaire, paru en 1945, de la *Phénoménologie de la perception*, de Merleau-Ponty, Simone de Beauvoir conteste avec éloquence les diktats de la science qui dominent l'éducation des enfants et demandent à un enfant de “renoncer à sa subjectivité”, en lui enjoignant de s'évader de sa propre conscience, de se détourner du monde vivant et plein de sens que sa conscience lui a révélé, et auquel la science tente de substituer un univers d'objets figés, indépendant de tout regard et de toute réflexion[143].

Beauvoir a raison : une grande partie de la science (ainsi qu'une grande partie de la philosophie analytique) découle d'une vision anonyme, à la troisième personne, d'un monde paralysé qui peut, dès lors, être fragmenté en vérités lisibles. Pour Francis Crick et une philosophe telle que Patricia Churchland, l'esprit/l'intelligence est composé(e) de neurones[144]. Ni plus, ni moins. Lorsqu'on aura découvert en totalité l'anatomie du cerveau et ses fonctions, tout sera dit, une fois pour toutes. Il existe des positions plus nuancées que celle-là. Il se peut que l'esprit/l'intelligence *émerge* du cerveau, ainsi que le soutiennent quelques-uns, faisant écho à La

Mettrie dans *L'Homme-Machine*. A moins que le problème ne soit que simple affaire de point de vue ? Dans ma tête, les impressions que j'ai du monde sont immédiates. J'observe gens et choses dans toute leur diversité. Je réfléchis, je ris, je pleure mais, si vous m'ouvrez le crâne pour jeter un coup d'œil à l'intérieur, tout ce que vous y verrez, ce sont deux masses connectées ensemble de matière grise et blanche. Et, si je dors, vous ne verrez pas mes rêves. Il y a des gens qui envisagent l'existence d'une forme de conscience qui ne serait pas limitée à l'espèce humaine et aux animaux mais s'étendrait aux niveaux les plus profonds de l'univers. Certains cognitivistes, tel Francisco Varela, et d'autres théoriciens, inspirés par le bouddhisme et par différentes pratiques mystiques, ont eu l'intuition d'une réalité impersonnelle[145]. D'autres croient à l'existence d'une unité panpsychique[146]. Quelques scientifiques – des physiciens en particulier – ont abandonné l'idée de substance pour explorer les étranges contrées de la théorie quantique. Ils ne sont coupables ni de figer les objets ni de négliger le rôle de l'observateur sur l'observé. Il existe apparemment, selon la théorie quantique des champs, des états qu'une personne verra comme vides et une autre comme un fouillis de particules. Je ne comprends pas vraiment comment cela fonctionne, mais je prends les physiciens au mot. Ce qui est vu dépend de la perspective de celui qui voit.

Le théoricien de la physique Jan-Markus Schwindt, un idéaliste de notre temps, prend le contre-pied de Crick : “Je ne crois pas que l’esprit existe dans le monde matériel, écrit-il. Je crois plutôt que le monde matériel existe dans l’esprit[147].” Cette pensée est identique à celle que formulait au XVIIIe siècle le philosophe George Berkeley : “Tout le chœur des cieux et tout le contenu de la terre, en un mot tous les corps qui composent le puissant système du monde, ne peuvent exister sans un esprit[148].” Et qu’est-ce que l’*esprit* pour Schwindt ? “L’esprit consiste en une observation consciente et une unité d’assimilation inconsciente, comme c’est le cas dans un rêve.” Sa proposition en vue d’un nouveau modèle scientifique fait écho au passage de Beauvoir cité plus haut. Il faudrait, écrit-il, “prendre le rôle du sujet beaucoup plus au sérieux que ne le fait la science actuelle, qui est une science des objets[149]”. La réflexion de Schwindt ne passe pas seulement par les lentilles de la physique mais, de façon plus large, par la philosophie. S’il ne mentionne pas Berkeley dans son article, il cite aussi bien Schopenhauer que Husserl. La conception qu’avait ce dernier de la phénoménologie était d’une importance capitale pour Merleau-Ponty, dont Beauvoir a commenté le livre. Elle, à son tour, subissait l’influence de Husserl et de Merleau-Ponty.

Les idées sont contagieuses, elles nous modèlent. Mais comment finissons-nous par choisir entre elles ? N’est-il pas vraisemblable que notre ingénieur dépourvu d’empathie avait trouvé les modèles mécaniques de son domaine applicables à sa personnalité “dure” ? Bien entendu, ses modèles de travail ne seraient pour autant ni faux ni inefficaces, ni même moins compréhensibles. Quelqu'un comme Schwindt est habitué à penser à grande échelle – ou à petite échelle, cela dépend du point de vue. L'idée que tout est esprit ne constitue pas pour lui une menace. Elle lui plaît. Sans doute est-ce à cela qu'il faut s'attendre de la part de quelqu'un qui s'est accoutumé à observer les fonctions ondulatoires dans l'espace de Hilbert ou dans celui, encore plus étrange, de Minkowski. Et Schwindt est loin d'être seul. Beaucoup de ses confrères physiciens croient que c'est la conscience qui produit la réalité matérielle plutôt que le contraire. Chez de tels penseurs, la catégorisation en "durs" et "tendres d'esprit" ne semble plus applicable.

Imants Baruss, professeur de psychologie à la Western Ontario University, a dirigé en 2006 une recherche portant sur la personnalité et l'opinion. Lui et ses confrères ont mis au point un test de personnalité complexe qui leur permettait également d'établir un profil des idées de chaque sujet quant à la nature de la réalité, et ils en ont confronté les résultats. Ils s'étaient attendus à trouver la distinction classique entre ceux qui croient à un monde purement matériel, fondé sur les principes d'une science matérialiste, et ceux dont les convictions religieuses embrassent le dualisme, un univers composé à la fois d'esprit et de matière. Ce à quoi ils ne s'étaient pas attendus, c'était à trouver une troisième catégorie, à laquelle ils donnèrent le nom de "transcendance extraordinaire". Les individus composant ce groupe étaient plus susceptibles de connaître des expériences mystiques ou extrasensorielles, de refuser les religions traditionnelles et, à l'instar de Schwindt, de tomber d'accord avec l'hypothèse que tout est mental. Leurs résultats aux tests étaient les mieux notés tant sur le plan de l'ouverture d'esprit que sur celui de l'intelligence. A quel point cette étude reflète un vaste public, on ne peut que tenter de le deviner. Mais une petite trouvaille a attiré mon attention. L'un des éléments des évaluations de QI consistait à demander au sujet d'identifier des objets à partir d'une image brouillée. Il fallait reconstituer mentalement ce qui avait été brisé en morceaux. "Ceux qui ont la meilleure capacité de synthèse visuelle de fragments en une image complète, commente Baruss, sont plus portés à croire qu'il y a davantage dans la réalité que ce que l'on peut voir au premier regard[150]." Je voudrais aller plus loin : peut-être les gens qui sont capables d'intégrer des fragments et de constituer une image unifiée sont-ils des gens qui comprennent la réalité non comme une simple mer d'*objets matériels figés* qui nous serait donnée d'avance, mais comme un puzzle de perceptions dépendantes de celui qui regarde.

Nombre d'entre nous, sans doute en majorité dans l'enfance, se sont demandé quel effet cela ferait d'être quelqu'un d'autre, de sauter d'un esprit dans un autre. Bien sûr, pour comparer des esprits, il faudrait conserver une notion de ce qu'est l'impression d'être "moi" comparée à celle d'être "toi". Si j'étais à la fois toi et moi, ressentirais-je un choc ? Me dirais-je : comme c'est différent ? Que se passerait-il si je pouvais vivre la vie intérieure de l'ingénieur ? si je pouvais sauter à l'intérieur du Dr Schwindt et comprendre en un éclair la théorie des quanta ? si j'entrais dans le poète et traducteur que j'ai rencontré, voici des années, à cette table ronde, l'homme qui se souvient des mots d'un roman, pas de ses personnages, et me mettais à lire à sa façon ? Quelle impression me feraient alors les romans que j'ai aimés ?

C'est par la lecture que nous nous rapprochons le plus de cette pénétration de l'esprit d'un autre. La lecture est l'arène mentale où des styles de pensée différents, tels le dur et le tendre, et les idées qu'ils engendrent deviennent le plus apparents. Nous avons accès au narrateur interne d'un inconnu. Lire, après tout, est une façon de vivre à l'intérieur des mots d'autrui. Sa voix devient, le temps de la lecture, mon narrateur ou ma narratrice. Je conserve, bien entendu, mes facultés critiques personnelles, et je m'interromps pour me dire : *Oui, il a raison sur ce point* ou : *Non, il oublie complètement celui-là*, ou encore : *Ça, c'est un cliché*, mais plus la voix sur la page est convaincante, plus je perds la mienne. Je suis séduite et m'abandonne aux mots de l'autre. En outre, je me sens souvent attirée par des points de vue très différents. Plus la voix est étrangère, inhospitalière ou difficile, cependant, plus j'ai l'impression d'être partagée, d'occuper deux têtes à la fois. Surmonter une résistance est l'un des plaisirs de la lecture. Certains textes sont d'une redoutable difficulté de lecture et, lorsque soudain la lumière se fait sur un passage obscur, sa compréhension (ou le sentiment de l'avoir compris) est source de bonheur.

Le préjugé aussi joue un rôle important dans la lecture. L'idée qu'on se fait de ce qu'est un livre peut être aveuglante. On voit sans peine pourquoi des étiquettes telles que "classique", "prix Nobel" ou "best-seller" influencent les lecteurs. Tel spécialiste d'une discipline peut éviter avec assiduité les œuvres de tenants d'une autre. Un neurologue m'a raconté qu'ayant un jour parlé de Freud lors d'une conférence, il "s'était fait éreinter". De même, certains psychanalystes refusent d'admettre l'importance de la neurobiologie dans l'exercice de leur profession ou parlent d'ego, de ça et de surmoi comme s'il s'agissait bel et bien d'organes du corps plutôt que de concepts nous permettant d'imaginer le fonctionnement de l'esprit. Les philosophes continentaux gardent souvent leurs distances par rapport aux analytiques d'outre-Manche, et vice versa. Combien de fois, au cours des voyages que j'ai faits en tant qu'écrivain, n'ai-je pas entendu ces phrases : "Je ne lis pas de romans mais mon épouse en lit. Pourriez-vous lui dédicacer le livre ?" Le message sous-jacent sans grande subtilité, c'est que la masculinité se range du côté de la non-fiction, tandis qu'on associe la féminité à la frivolité d'histoires "inventées". Les hommes dignes de ce nom aiment les textes *objectifs*, non les errances *subjectives* de simples auteurs de fiction, surtout si ce sont des femmes, dont la prose, quel que soit son caractère, est viciée par leur sexe avant même qu'on n'en ait lu un mot. Cette notion absurde n'est pas vraiment universelle mais nul d'entre nous n'est à l'abri du parti pris, de l'inclination, du goût, du fait de préférer telle métaphore à telle autre, ou d'associations anciennes si bien enracinées qu'elles sont totalement inconscientes ou à peine conscientes. Durant une grande partie du XXe siècle, des hordes de scientifiques ont eu si peur de notions telles que "compte rendu subjectif" ou "introspection" que la seule idée de visualisation mentale, sans parler de synesthésie, était considérée comme relevant très probablement de la fiction.

L'exemple le plus connu en est sans doute le behavioriste J. B. Watson, qui rejetait entièrement l'imagerie mentale, prétendant que cela n'existait pas. Watson défendit sa position à l'occasion d'un débat public au Psychology Club de Washington (DC) où il déclara : "Il n'y a jamais eu de découverte en psychologie subjective ; il n'y a jamais eu que spéculation médiévale[151]." L'année avant ce débat public, Freud avait publié *Le Moi et le Ça*, dans lequel il avait modifié le modèle qu'il avait auparavant appliqué à l'esprit. Ses trois catégories antérieures, le conscient, l'inconscient et le préconscient, élaborées pour la première fois dans *L'Interprétation des rêves*, avaient cédé le pas à une nouvelle approche fondée sur la façon dont fonctionnait chaque nouvelle division de l'esprit. Le concept de l'ego, ou je *(Ich)*, selon Freud n'était pas le narrateur interne ni la conscience perceptuelle à l'état d'éveil, avec ses images innombrables. Il comprenait le développement d'un sens corporel du moi, très comparable au schéma corporel – lequel détermine notre sensation d'être distinct des autres –, ainsi que des processus complètement inconscients. Le ça *(das Es)* était le lieu inconscient, hors du temps, des désirs ou pulsions primaires. Le surmoi *(über-Ich)* était comparable à une conscience personnelle telle qu'elle advient à travers les premières et plus importantes identifications d'un individu – l'identification à ses parents. Donc, à l'époque où Freud reconfigurait son modèle de l'esprit en y incluant de vastes zones d'inconscient, Watson niait l'existence même de l'imagerie visuelle, une expérience consciente quotidienne pour la plupart des gens.

Les idées se développent, mais c'est souvent dans des fossés étroits et profonds. Watson était un avocat radical et controversé du behaviorisme, mais ses idées ont eu des effets à longue portée sur les sciences et la philosophie des sciences. S'il existe bien, dans le monde, des individus à qui fait défaut la capacité de former mentalement des images (tels mon poète et traducteur et, peut-être, certains philosophes), ils sont une minorité et certains d'entre eux sont en traitement neurologique. Ma question est : si Watson et ceux de ses confrères qui pensent comme lui visualisaient les romans ou se remémoraient des maisons et des paysages, ou même, en les revoyant mentalement sur la page 78, les mots d'un texte qu'ils ont lu, comment pourraient-ils douter de l'existence de l'imagerie mentale ? En outre, tout le monde ne rêve-t-il pas ? Les rêves ne sont-ils pas des images mentales visuelles ? Les dogmes peuvent aveugler.

Compte rendu : 23 juin 2008. Je suis en voyage avec mon mari et un ami. Nous passons trois jours ensemble dans les Pyrénées et avons l'intention de faire une balade en montagne. J. en a trouvé une qualifiée de "modérée" dans son guide où les activités touristiques sont évaluées selon divers niveaux de prouesses. Nous gagnons en voiture l'endroit où commence la promenade et je gravis le sentier rocailleux en sautant de pierre en pierre. Je suis fière de ma force (je frime un peu, il faut le dire, à l'intention des deux hommes qui me suivent) mais bientôt je fatigue. Hors d'haleine, je m'assieds sur un rocher, et je sens mon corps saisi de convulsions caractérisées, qui se calment peu à peu. Ceci n'est pas émotionnel, me dis-je. Ceci n'a rien à voir avec la mort de mon père. Il ne s'agit pas de conversion. Je ne dis rien à mon mari ni à notre ami, qui se trouvaient trop loin de moi pour s'être aperçus de ma crise. En redescendant de la montagne, je marche doucement. L'événement m'a rendue faible et mal assurée. Plus tard, je retourne à une page de journal datée de ce jour-là et je lis : "Je sais que ce n'était pas psychogénique. C'était l'effort. Cela me fait réfléchir à toute ma théorie – il y a autre chose qui se passe. Se pourrait-il que ce soit lié à ma neuropathie périphérique ? Peut-elle se transformer en tremblements ?"

Quand j'avais une trentaine d'années, j'ai acquis un "corps électrique", selon l'expression de Whitman. J'avais des fourmillements dans les bras et les jambes. Des décharges plus ou moins fortes parcouraient de haut en bas mes membres et mon visage. Pendant plusieurs mois, j'ignorai le phénomène. Et puis je commençai à craindre d'être en proie à une maladie neurologique débilitante, telle que la sclérose en plaques. J'allai voir mon médecin, qui eut tôt fait de me rassurer en me disant que ce n'est pas ainsi que se présente la sclérose en plaques. Il appelait ce que j'avais neuropathie périphérique. Je soupçonnai que le coupable pouvait être un remède que j'avais pris à titre préventif contre une infection urinaire. Mon médecin se montra dubitatif mais, lorsqu'il consulta ses livres, il apparut que la neuropathie était l'un des effets secondaires éventuels de ce médicament. La vérité, c'est que de nombreuses substances ont un rapport avec ce symptôme, ce qui signifie qu'il est possible que la Furadantine fût à l'origine de mes "nerfs électriques", et qu'il est possible aussi qu'il n'en fût rien. Je me demandai à haute voix, dans le cabinet du médecin, si les migraineux pouvaient être plus vulnérables que d'autres à ces sensations étranges, mais le Dr K. me dit que ce n'était pas le cas. Plus tard, je découvris qu'il se trompait. Les fourmillements, les décharges électriques et toutes sortes de sensations bizarres – paresthésies – sont fréquents chez les personnes souffrant de migraines chroniques. Après m'avoir fait passer un test pour contrôler l'état de mes nerfs, on me dit que j'avais les nerfs d'une sexagénaire et, quand je demandai au neurologue quel était son pronostic, il déclara d'un ton calme : "Il se peut que ça s'améliore ; il se peut que ça empire ; il se peut que ça reste pareil." J'éclatai de rire. Il ne voyait pas ce qu'il y avait là de comique. Il s'avère qu'il avait raison sur tous les plans. Ça s'améliore pendant quelque temps ; et puis ça empire ; et parfois ça reste pareil pendant des semaines d'affilée.

L'histoire que je me raconte de la femme qui tremble se répète en boucle au fur et à mesure que, l'une après l'autre, des personnes réelles remplacent mes médecins imaginaires. Sur recommandation de G., me voici assise en face du Dr C., psychiatre et psychanalyste, dans son cabinet de Park Avenue. A la différence de mon analyste fantôme, le Dr C. est une femme. De même que mon personnage inventé, elle a un visage bienveillant et intelligent. Elle m'écoute avec patience lui raconter l'histoire de mes tremblements. Quand je suggère une réaction de conversion, elle secoue doucement la tête, avec un sourire un peu triste. Elle ne pense pas que je sois hystérique. Et lorsque, à un certain moment, je raconte que j'ai eu des convulsions fébriles peu après ma naissance, elle n'est plus qu'attention. Le jour de mon baptême, ma fièvre est montée au-dessus de quarante et j'ai été prise de convulsions qui ont terrifié ma mère. Je ne sais plus quand j'ai pour la première fois entendu ma mère rappeler cette histoire. Pourquoi en ai-je parlé au Dr C. ? Parce que je racontais la version brève de l'histoire de ma vie. Pourquoi n'ai-je rien écrit là-dessus dans ce texte-ci ? Ça m'a échappé. Je l'ai refoulé. Elle me donne le numéro de téléphone du Dr L., une neurologue qu'elle connaît et apprécie, qui a la réputation de traiter ses patients avec humanité, et j'accepte de prendre un rendez-vous afin de me faire sérieusement examiner les nerfs.

Le Dr L. me faxe un questionnaire de dix pages sur mon histoire. Elle y joint une page blanche pour des remarques complémentaires. J'écris deux pages à simple interligne où je décris en détail mes tremblements, mes migraines, leurs auras, les fourmillements dans mes bras et mes jambes – bref, tout ce qui me paraît pouvoir être en relation avec mon système nerveux. Quand j'ai fini d'écrire, je me souviens de ma chambre au Mount Sinai Hospital. Je revois les toits sales des bâtiments de l'autre côté de la fenêtre, le plateau beige de la table à manger et la petite télévision qui, dans mon souvenir, est en noir et blanc, mais ce détail douteux en dit sans doute davantage sur mon état émotif à l'époque que sur ce que je voyais réellement. *Nicholas Nickleby* passe à la télé, mais les personnages à l'écran sont minuscules et distants. Je n'arrive pas à concentrer sur eux mon attention car j'ai l'impression d'être emballée dans des couches et des couches de gaze. L'épaisseur de la Thorazine. Le monde est devenu lointain, et il me semble que j'aurai à parcourir un long chemin avant de le retrouver immédiat, vivant, en couleur. Je me demande soudain si, lorsque je sortais péniblement de mon lit dans la chambre d'hôpital, il y a toutes ces années, pour me rendre à la salle de bains, je ressemblais à ces malades mentaux sous puissants sédatifs avec qui je travaille chaque semaine, ces gens qui entrent dans la pièce en se traînant plus qu'en marchant, les membres raides comme ceux de pantins de bois. Oui, sans doute. Ces huit longs jours. La brusquerie, l'indifférence des infirmières. Les internes avec leurs sourires, leurs piqûres d'épingle et leurs questions. Le souvenir de l'hôpital est-il la raison pour laquelle j'ai annulé mon rendez-vous avec le spécialiste de l'épilepsie ?

Elle est grande, directe, elle s'exprime clairement et se montre amicale. J'aime l'ampleur et la liberté de ses gestes, et je sens que je suis en présence d'une femme qui a confiance en elle et est à l'aise dans son corps. Elle paraît disposée à prendre son temps. Je devine en elle une attitude un rien amusée envers ma confession, qui se trouve sur son bureau à côté d'elle – en grande partie surlignée au marqueur transparent bleu. Je suppose qu'elle lit avec le marqueur, que le mouvement de sa main fait partie de sa façon d'absorber l'information. Je me sens bêtement gratifiée par l'impression que mon cas ne semble pas l'ennuyer. Je ne suis pas un exemple classique de quoi que ce soit, apparemment. Au bout d'un petit moment, il devient évident que, tout autant que le Dr C., le Dr L. écarte l'hypothèse d'une réaction de conversion. Elle considère manifestement que cette explication est absurde. Elle m'explique que je suis *trop âgée*. Si j'avais quatorze ans, elle pourrait y réfléchir, mais à cinquante-trois c'est impossible. Je ne suis pas sûre que ce soit strictement vrai, quand je me remémore certains des cas dont j'ai lu la description, mais, là encore, mon diagnostic spéculatif personnel en a déjà pris un coup lors de cette ascension dans les Pyrénées. En outre, j'ai commencé à ressentir un frémissement qui parcourt mes membres, pas tout le temps mais fréquemment, comme si les grands spasmes étaient une version exagérée de ce bourdonnement intérieur. Elle aussi s'intéresse à mes convulsions fébriles et m'apprend que, souvent, les gens sujets à des crises d'un genre ou d'un autre en ont eu pendant les six premiers mois de leur vie.

Je me déshabille, revêts une chemise d'hôpital et marche de long en large dans la pièce devant elle. Nous jouons à nous taper dans les mains. Je me touche le nez du bout de l'index. Elle examine mes yeux. Aucun signe de tension ni de tumeur cérébrale. Elle me caresse les mains et la plante des pieds avec un instrument froid. Je sens tout. Bon signe. Elle se sert d'un diapason. Elle me dit que j'ai de "belles grosses artères" et je suis ravie de l'entendre. Elle veut savoir si j'ai jamais pris, pour mes migraines, du Depakote, un anticonvulsif. Je lui dis que non. Elle recommande des IRM, deux IRM.

Je regarde la feuille sur laquelle elle a noté d'une écriture grande mais claire :

> 1. Veuillez pratiquer une IRM cérébrale : épilepsie du lobe temporal – sans gado. Protocole 345.4.
> 2. IRM du rachis cervical – sans gado/colonne postérieure, C-2 – C-5. Dx323.9/721.1. Merci, Dr L. L.

Dans le métro qui me ramenait chez moi, je sens dégringoler l'humeur très allègre qui a été la mienne chez le médecin. Le Dr C. et le Dr L. se sont toutes deux montrées plus que compétentes et d'une extrême gentillesse mais je comprends qu'en écartant l'hystérie elles ont fait apparaître le spectre d'une maladie neurologique supplémentaire, la possibilité qu'il s'agisse de "plus que d'une simple migraine". Or, si ni la conversion ni la migraine ne sont des diagnostics plaisants, ni l'un ni l'autre n'est fatal. Depuis la crise que j'ai faite à Paris en 1982, je suis tracassée par l'idée que mes migraines puissent friser l'épilepsie. Selon les auteurs de *Behavioral Aspects of Epilepsy (Aspects comportementaux de l'épilepsie)*, "la migraine et l'épilepsie sont à bien des égards des troubles cérébraux similaires. L'une et l'autre sont répandues. L'épilepsie est peut-être et la migraine est par définition un trouble primaire, vraisemblablement génétique[152]." Plus loin, dans le même chapitre, ils ont écrit : "La probabilité est plus que double que ces deux affections se présentent chez un même individu[153]." Dans son ouvrage intitulé *Migraine*, Oliver Sacks réfléchit aux distinctions et chevauchements historiques entre les deux maladies. Bien qu'il puisse exister entre elles une relation théorique, "en pratique, écrit-il, il est aisé, dans la majorité des cas, de distinguer les migraines des épilepsies". Après avoir énuméré les caractéristiques grâce auxquelles il peut être relativement simple de poser un diagnostic catégorique, il reconnaît l'existence d'une "zone crépusculaire" où se confondent les "nosologies rigides". Il cite alors un auteur qui a inventé le terme de "migralepsie" pour un patient présentant des symptômes des deux affections[154]. Je situerais fermement le Dr Sacks dans la catégorie des tendres en esprit selon James. Contrairement à beaucoup de ses confrères, Sacks tient compte non seulement des tours et détours de l'histoire médicale mais aussi des authentiques ambiguïtés que soulèvent nos tentatives de nommer des phénomènes qui se refusent à toute vision claire. "Finalement, le problème peut cesser d'être une question de différenciation clinique ou physiologique, et devenir affaire de décision sémantique : nous ne pouvons pas nommer ce que nous ne pouvons pas individualiser[155]." Des frontières floues sont cause d'énigmes durables.

Depuis l'enfance, je passe par des moments d'exaltation et d'euphorie : un flot de sensations intenses envahit mon corps, comme une légèreté dans ma tête, et semble me tirer vers le haut. Une clarté de vision surnaturelle et un sentiment de joie suprême et parfaite ont précédé mes maux de tête les plus brutaux et les plus durables. Et il m'est arrivé une fois, alors que j'étais bien entrée dans l'âge adulte, de voir mon petit homme rose et son bœuf rose sur le sol de ma chambre. Plus tard, j'ai découvert que les apparitions d'objets minuscules portent un nom, elles aussi : hallucinations lilliputiennes. Je reconnais à présent tous ces états comme des phénomènes d'aura, ils font partie de ma vie de migraineuse. Ce qui a changé depuis mon enfance, ce ne sont pas les auras mais le contenu que je leur prête. Je n'imagine plus la présence du surnaturel. J'attribue à mes nerfs ces envols et ces chutes, mais cette attribution n'implique pas que ces expériences ne signifient rien pour moi ou n'ont pas été déterminantes de ce que je suis. Ce que je pense de l'événement affecte l'événement lui-même. Les épileptiques aussi connaissent des auras – odeurs, sensations et sentiments de tristesse, de peur ou d'extase peuvent précéder une crise. Depuis le début de l'histoire médicale, les médecins ont établi des liens entre maladie et caractère. Des chercheurs se sont interrogés à propos des personnalités migraineuses dans une tentative de découvrir des traits communs à tous ceux qui en sont affectés, mais le nombre des gens qui souffrent de tels maux de tête, accompagnés ou non de diverses espèces d'auras, est si grand que l'espoir de trouver un migraineux type a été généralement abandonné. Chez les personnes atteintes d'épilepsie du lobe temporal, il semble toutefois qu'existent certaines caractéristiques largement partagées, dont une tendance à la religiosité.

Hippocrate fut le premier à associer épilepsie et religiosité vers 400 avant J.-C., et cette observation se trouva répétée au cours des siècles et jusqu'à l'ère actuelle[156]. Emile Kraepelin, le célèbre médecin de la fin du XIXe et du début du XXe siècle, dont les classifications rigoureuses des troubles psychiatriques eurent une influence importante, observa lui aussi que les épileptiques semblaient avoir une forte tendance à la spiritualité[157].

Le rapprochement entre pathologie et personnalité soulève, une fois encore, une question plus vaste : qui sommes-nous ? Dans quelle mesure peut-on faire un lien entre les convictions, y compris les convictions religieuses, et la neurobiologie ? Nombreux sont ceux qui acceptent sans difficulté de croire qu'une maladie telle que l'épilepsie, une congestion cérébrale ou une blessure à la tête peuvent modifier le caractère de quelqu'un, mais sont peut-être moins enthousiastes à l'idée que chacun d'entre nous découvre des "vérités" du fait de son système nerveux. En dépit du fait que mes parents ne faisaient preuve que d'une appartenance conventionnelle au luthérianisme, je n'étais pas seulement pieuse quand j'étais petite, j'étais pleine d'une ferveur tranquille. Plus tard, quand la foi en Dieu m'a quittée, j'ai perdu la piété mais conservé la ferveur. Ce qui m'en est resté, c'est la conviction profondément ressentie d'une signification non assortie de dogmes.

Un certain nombre d'articles à succès, ces dernières années, ont proclamé haut et fort la découverte d'un "point du divin" (en anglais, *"God spot"*) situé dans le lobe temporal du cerveau. En 1997, on pouvait lire dans le *Los Angeles Times* : "«Il se pourrait qu'existe dans le lobe temporal un mécanisme nerveux automatique ayant à voir avec la religion», a déclaré l'équipe[158]." Remarquez le curieux fléchissement de la sémantique vers l'anatomie : un *mécanisme nerveux automatique ayant à voir avec la religion* dans le lobe temporal ? "L'équipe" ne dit pas que certaines sensations, certains sentiments éprouvés par les êtres humains au cours de notre histoire peuvent avoir été attribués au surnaturel. Elle dit que la religion est "câblée" dans notre cerveau et une telle affirmation la rapproche fortement des phrénologues du XIXe siècle qui divisaient le cerveau en régions distinctes, isolées, ayant chacune une fonction spécialisée. Chatouillez ce point, et vous croirez en Dieu. On voit sans mal qu'une réduction aussi grossière d'immenses réalités historiques et sociologiques à un petit bout de cerveau constitue la pire des naïvetés philosophiques. Contestant cette découverte, une autre étude apercevait "de la religion" dans tout le cerveau, y compris dans les zones associées à l'affectivité, à l'amour maternel et au lien initial entre l'enfant et sa mère. Assurément, le sentiment religieux n'est pas une entité singulière. Qu'on réunisse des épileptiques religieux ou un groupe de carmélites, qu'on leur demande de penser à la religion et qu'on les soumette alors à des tests des réactions galvaniques de la peau ou à des examens d'IRM fonctionnelle, cela ne peut manquer de donner des résultats divers.

Il paraît évident, toutefois, que certaines personnes sont plus vulnérables que d'autres à ce que Freud appelait le "sentiment océanique". Freud déclarait qu'il ne le possédait pas mais en reconnaissait la présence chez autrui. Après une conversation avec le romancier Romain Rolland, il écrivit à propos de ce phénomène, dans *Malaise de la civilisation* :

> Ce sentiment, il [Rolland] l'appellerait volontiers la sensation de l'éternité, il y verrait le sentiment de quelque chose d'illimité, d'infini, en un mot : d'"océanique". Il en ferait ainsi une donnée purement subjective, et nullement un article de foi. Aucune promesse de survie personnelle ne s'y rattacherait. Et pourtant telle serait la source de l'énergie religieuse, source captée par les diverses Eglises ou les multiples systèmes religieux, par eux canalisée dans certaines voies, et même tarie aussi. Enfin la seule existence de ce sentiment océanique autoriserait à se déclarer religieux, alors même qu'on répudierait toute croyance ou toute illusion[159].

Freud estime que ce caractère océanique est un souvenir implicite des débuts de notre vie, quand notre ego n'était pas encore entièrement séparé du monde alentour. Son idée est en harmonie avec celle des chercheurs qui ont identifié un rapport entre le sentiment religieux et l'attachement mère-enfant. De cette période oubliée, dit Freud, subsiste en nous la sensation de faire un avec le monde. On ne peut retrouver la prime enfance. Ses souvenirs sont enfouis. Dans quelle mesure ils peuvent revenir clandestinement ou être déclenchés par divers catalyseurs, c'est une question qui demeure ouverte, mais ce que Freud avait compris à la suite de sa conversation avec Rolland, c'est que le mot "océanique" n'implique pas nécessairement un ensemble de convictions religieuses.

Le diagnostic a pour tâche de distinguer la maladie de la personne. La rougeole est une chose. Elle arrive et s'en va. Les rougeurs passent d'une personne à une autre. Un seul agent pathogène en est cause. Mais quand la maladie devient-elle la personne ? En 1975, Norman Geschwind et un confrère médecin, Stephen Waxman, ont publié un article sur les caractéristiques communes qu'ils avaient observées entre deux crises (pendant la période dite *intercritique*) chez leurs patients atteints d'épilepsie du lobe temporal : un accroissement de la religiosité ou du souci de considérations morales assorti d'un approfondissement des émotions confinant à l'irritabilité. Il semble aussi qu'ils aient observé une diminution de la pulsion sexuelle ainsi qu'une hypergraphie – de nombreux patients avaient besoin d'écrire, parfois de manière compulsive[160].

Par religiosité, Geschwind entendait un sentiment plus proche du sentiment océanique de Freud et de la transcendance extraordinaire de Baruss que d'une théologie formelle. Des personnalités religieuses et artistiques aussi diverses que saint Paul, Mahomet, Jeanne d'Arc, sainte Thérèse d'Avila, Fédor Dostoïevski, Gustave Flaubert, Søren Kierkegaard, Vincent Van Gogh, Guy de Maupassant, Marcel Proust, Lewis Carroll et lord Alfred Tennyson ont toutes fait l'objet, pendant ou après leur vie, d'un diagnostic d'épilepsie du lobe temporal[161]. Depuis les débuts de la médecine moderne, on a publié sous forme de livres ou d'articles des diagnostics *post mortem* de personnalités éminemment talentueuses et célèbres. Il paraît évident aujourd'hui que Flaubert souffrait d'épilepsie, même si on lui trouva également des signes de névrose et d'hystérie ; Dostoïevski était certainement épileptique (bien que Freud lui ait notoirement appliqué le diagnostic d'hystéro-épilepsie) ; la conversion de saint Paul sur le chemin de Damas semble avoir été liée à une crise d'épilepsie ; pour sainte Thérèse, le diagnostic comprend épilepsie, hystérie et migraine ; pour Van Gogh, épilepsie, saturnisme, maladie de Ménière, schizophrénie, trouble bipolaire, et autres. Les spécialistes affirment que Lewis Carroll souffrait d'une épilepsie du lobe temporal et de migraines. Les symptômes peuvent nous entraîner sur de multiples voies, surtout lorsqu'il s'agit d'un patient mort depuis des années. L'étude de journaux intimes, de lettres, de textes et d'œuvres d'art dans le but d'y trouver des indices neurologiques a ses limites.

Quand j'étais petite, je dessinais tout le temps, c'était un besoin qui par la suite s'est reporté sur l'écriture, et j'avais souvent l'impression d'avoir au-delà de moi une présence ineffable. Ma pulsion sexuelle paraît normale (quoi que cela puisse signifier) mais il m'a souvent semblé que je suis trop passionnée en société et trop intolérante des conversations sans conséquence, malgré les gros efforts que je fais pour réduire l'intensité de ma présence. J'ai avoué au Dr L. que je me suis souvent demandé si tel était mon cas : si j'avais "une personnalité sous influence du lobe temporal". Mais, là encore, mes identifications sont fluctuantes. J'éprouve de l'empathie pour de nombreuses affections. Comme d'innombrables étudiants en première année de médecine, plongés dans les symptômes d'une maladie après une autre, je suis attentive aux picotements et pincements, aux palpitations et frissons de mon corps mortel, dont chacun est en puissance un signe de *la fin*.

En raison, sans doute, de la singularité de mes propres visions et moments d'exaltation, les mystiques de toutes traditions me fascinent, et j'ai beaucoup lu à leur propos. De quelque façon qu'on interprète ces états transcendants, les expériences mystiques sont authentiques, prennent les formes les plus diverses et peuvent être soit spontanées, soit provoquées par des drogues, la méditation ou même de la musique ou le son répétitif de tambours. Dans *Les Grands Courants de la mystique juive*, Gershom Scholem cite un disciple d'Abraham Aboulafia qui, après deux semaines de méditation, se mit à trembler : "De forts tremblements prirent possession de moi et je me trouvai sans force, mes cheveux se dressaient sur ma tête et c'était comme si je n'appartenais plus à ce monde[162]." J'étais à l'école secondaire et faisais une recherche sur les mystiques chrétiens, lorsque je suis tombée pour la première fois sur des versions d'avant-garde du *"God spot"*, des explications médicales apportées à des expériences telles que le fait d'entendre des voix, d'avoir des visions et d'éprouver un sentiment d'euphorie. Les états d'esprit altérés ont longtemps été considérés comme pathologiques, explication que l'on jugeait satisfaisante. Dans *Les Formes multiples de l'expérience religieuse*, William James qualifie de "matérialisme médical" cette méthode d'évacuation.

> Le matérialisme médical croit avoir dit le dernier mot sur saint Paul, en qualifiant sa vision sur la route de Damas de décharge épileptiforme dans l'écorce occipitale. Dédaigneusement, il traite sainte Thérèse d'hystérique et saint François d'Assise de dégénéré héréditaire. [...] Le matérialisme médical estime avoir ainsi réduit à néant l'autorité spirituelle des grandes personnalités.

James poursuit en disant que la psychologie moderne admet les "relations psychophysiques" et, de manière générale, "la dépendance universelle des états mentaux à l'égard des conditions organiques". Il s'ensuit donc que tous les états mentaux sont organiques en ce sens :

> Il n'y a pas un de nos états de conscience [...] qui n'ait pour condition quelque processus organique.

> Cela peut se dire des opinions scientifiques aussi bien que des émotions religieuses ; et si nous avions une connaissance assez intime des faits psychophysiques, nous nous rendrions compte que l'état du foie exerce une influence aussi décisive sur les assertions de l'athée le plus farouche que sur celles du méthodiste tourmenté de son salut. Quand le foie modifierait d'une façon le sang qui le traverse, on aurait la tournure d'esprit du méthodiste ; on aurait celle de l'athéisme, quand il le modifierait d'autre façon. Il en est de même pour tous nos enthousiasmes et toutes nos sécheresses, pour nos aspirations et nos angoisses, pour nos doutes et nos croyances. Que leur contenu soit ou non religieux, tous ces faits psychiques ont également dans l'organisme leurs conditions immédiates[163].

James ne croyait pas que la question fût ainsi résolue, comme en témoignent les nombreuses pages qui suivent ce passage. Ni le foie ni les neurones, en dépit de leur importance, ne peuvent constituer des explications suffisantes des convictions et des expériences spirituelles ou intellectuelles. L'ingénieur qui rejetait l'empathie n'est pas moins soumis à la réalité de son corps que saint Paul. La pensée de James fait écho à la méditation de Dostoïevski sur la maladie et le sentiment dans *L'Idiot*. "Quelle importance, que ce soit une maladie ?" se demande son héros épileptique, le prince Mychkine. "Qu'est-ce que ça peut bien faire que ce soit une tension anormale, si le résultat lui-même, si la minute de sensation, quand on se souvient d'elle et quand on l'examine en pleine santé, est, au degré ultime, de l'harmonie, de la beauté, et si elle vous donne un sentiment de plénitude invraisemblable, insoupçonné, un sentiment de mesure, d'apaisement, celui de se fondre, en prière extatique, dans la synthèse supérieure de la vie[164] ?" Bien que parfois le morbide soit aussi le transcendant, on ne peut réduire le transcendant au morbide.

Dostoïevski a exploité dans ses romans ses auras épileptiques, et elles ont indiscutablement influencé ses convictions religieuses. Flaubert ne s'est jamais explicitement servi de ses crises dans son œuvre de fiction. Les effusions romantiques d'Emma Bovary ne ressemblent en rien aux exaltations du prince Mychkine, ne fût-ce que dans la mesure où Flaubert conserve vis-à-vis de son héroïne une distance ironique quoique empreinte de sympathie. Dostoïevski et Flaubert peuvent avoir souffert du même mal, mais leurs personnalités et leur art ont évolué en des sens tout à fait différents.

Qu'elles soient ou non définies dans les grandes lignes comme résultant d'une maladie, les expériences mystiques semblent dissoudre les limites du moi. Si les récits du service de neurologie démontrent quelque chose, c'est que les frontières du moi que nous imaginons sont changeantes. Les auras migraineuses m'ont parfois emportée en une sensation d'heureuse immersion dans le monde, mais la femme qui tremble me coupe en deux. Les premières engendrent une impression de plénitude et d'harmonie, la seconde, perturbation et division. Quand le tremblement advient, mon sujet narrateur à la première personne semble filer dans une direction et mon corps récalcitrant dans une autre, ce qu'illustre le fait que je me situe grâce à cette voix intérieure. Le langage fait intimement partie de mon sentiment d'être moi – cette incessante rumination verbale qui m'accompagne tout au long de mes activités quotidiennes. Il me semble que ce commentaire m'appartient, que je le compose afin qu'il corresponde à ce que je pense, ressens ou vois et, quand je parle à haute voix, je m'exprime avec un plus grand souci d'être comprise, de même que j'écoute attentivement quand je veux comprendre ce que dit quelqu'un d'autre. Mais, parfois, les mots se détachent de ce sentiment d'être soi pour s'en aller flotter en territoire étranger, et on les entend comme s'ils provenaient d'invisibles autres. On entend des voix.

Dans ses *Confessions*, saint Augustin évoque la profonde crise spirituelle pendant laquelle il entendit une voix d'enfant lui répéter inlassablement : "*Tolle, lege*" (prends et lis)[165]. Jeanne d'Arc a entendu des voix, leur a obéi et s'est retrouvée à la cour de France et sur les champs de bataille. William Blake entendait des anges et les voyait aussi. La liste est longue et comprend Mahomet, le poète soufi Rumi, Yeats et Rilke, qui, tous, écoutaient des voix en période de tension et d'émotion élevées. Dans l'un des cours que je donnais à l'hôpital, j'ai eu une élève qui parlait régulièrement à Dieu, et il lui répondait. Elle était en communication directe avec la divinité parce que Dieu était, m'expliqua-t-elle, son *époux*. Bien sûr, toutes les voix hallucinées ne revêtent pas un caractère de révélation religieuse. L'un de mes amis m'a raconté l'histoire d'un homme qu'il connaissait, que tourmentaient des voix odieuses chaque fois qu'il ouvrait le robinet pour se faire couler un bain : "Espèce de sale petite ordure merdique !" Entendre des voix, c'est une histoire aussi ancienne que celle de la maladie convulsive. Socrate entendait des voix et, dans l'*Iliade* et l'*Odyssée*, les voix des dieux guident les héros. Quel que soit le contenu des mots prononcés, ces voix qui font intrusion ne sont jamais ressenties comme issues de nous, ce qui les rend qualitativement différentes de nos discours intérieurs ou de nos narrateurs internes, même si certains chercheurs ont émis la théorie que de telles expériences constituaient en quelque sorte un détournement du discours intérieur. De même que les mains étrangères des gens atteints de disconnexion calleuse, que les membres paralysés de personnes affectées de négligence, que la main écrivante et douée de mémoire de Neil, que les textes automatiques tombés de la plume de poètes innombrables, elles *ne* sont *pas* comprises comme quelque chose qui m'appartient, à *moi*.

Dans *La Naissance de la conscience dans l'effondrement de l'esprit*, Julian Jaynes soutient que, jusqu'à la fin du deuxième millénaire avant J.-C., l'homme n'avait pas une conscience unitaire mais plutôt un esprit bicaméral – où les deux hémisphères du cerveau fonctionnaient séparément – et que, en cas de situation difficile, cet être primitif entendait des voix, souvent des ordres, qui naissaient dans son hémisphère droit et qu'il interprétait comme provenant de puissances supérieures. Tout changea lorsque la tradition orale devint tradition écrite, culture de lecture et d'écriture. D'après la théorie bicamérale, nos cerveaux furent altérés par l'arrivée de l'alphabétisation[166]. Jaynes a ses admirateurs et ses détracteurs, et sa grande idée demeure extrêmement controversée, mais elle a récemment fait l'objet de réexamens et certaines études ont suggéré qu'il se produit un accroissement d'activité dans l'hémisphère droit chez des personnes en proie à des hallucinations auditives[167]. Il n'existe pas de consensus, cependant, sur ce qui se passe réellement dans le cerveau des individus qui entendent des voix.

On sait aujourd'hui que, si la fonction du langage est toujours considérée comme dominée par l'hémisphère gauche, notre hémisphère droit n'est pas étranger à la parole et joue un rôle important dans certains aspects du langage, telle la compréhension du contenu affectif d'une phrase. Les premières expériences que l'homme fait du langage – répétition affectueuse par un parent du nom d'un enfant, comptines incantatoires, paroles de berceuses et tonalités musicales de la voix consolante d'une mère – semblent faire partie de la cognition hémisphérique droite, et non pas de la gauche[168]. Les premiers commandements négatifs parentaux, tels que *Non* ou *Arrête*, tomberaient également dans cette catégorie, de même que les puissants mots tabous, les exclamations censurées. Au XIXe siècle, le neurologue John Hughlings Jackson émit une théorie concernant la différence entre les fonctions langagières des deux hémisphères. Grâce à une observation attentive de ses patients, ainsi qu'à l'étude d'écrits d'autres médecins (Paul Broca, en particulier), il détermina que l'hémisphère droit est responsable des expressions automatiques, de ces éjaculations explosives et involontaires de mots impossibles à répéter volontairement. Les feux roulants de débordements verbaux du syndrome de Tourette semblent démontrer cela fort bien. Quand les hémisphères droit et gauche fonctionnent ensemble, soutenait Jackson, l'utilisation automatique des mots se mélange à leur usage volontaire, donnant lieu au langage ordinaire[169]. Je voudrais souligner le fait que la signification de cette fusion évoquée par Jackson, c'est que, lorsque les deux hémisphères se rencontrent, le discours y gagne un *propriétaire* – le sujet à la première personne. Il est intéressant également que, dès le début des années 1960, les neurologues aient remarqué que les analphabètes dont les zones du langage de l'hémisphère gauche du cerveau étaient endommagées ne souffraient pas des mêmes problèmes d'aphasie que les gens sachant lire et écrire[170], observation qui ne prouve pas mais n'affaiblit pas non plus la grande idée historique de

Jackson. L'apprentissage de la lecture et de l'écriture semble en effet renforcer la dominance de l'hémisphère gauche.

Il existe une autre hypothèse, selon laquelle les gens qui se trouvent dans des états hypomaniaques ou maniaques peuvent devenir temporairement bilatéraux en ce qui concerne le langage et utiliser de manière plus égale les deux hémisphères. Un nombre inhabituellement élevé de poètes ont souffert de troubles bipolaires, avec leurs hauts et bas spectaculaires, et certains érudits ont professé que la poésie, plus que la prose littéraire ou le discours ordinaire, se nourrit des forces langagières du cerveau droit, ce qui peut contribuer à expliquer certains cas d'écriture automatique et d'inspirations subites, accompagnés de l'impression qu'une œuvre n'est pas voulue mais dictée. Parmi les nombreux poètes et écrivains qui étaient sans doute affectés de ce que l'on qualifie aujourd'hui de troubles bipolaires, on compte Paul Celan, Anne Sexton, Robert Lowell, Theodore Roethke, John Berryman, James Schuyler et Virginia Woolf. Mon impression personnelle quant à l'écriture de patients maniaques – ou, en vérité, à celle de tout psychotique – est que leur prose et leur poésie sont l'une et l'autre bien plus vives, musicales, spirituelles et originales que celles de gens dits normaux. Les thèmes religieux et cosmologiques y sont fréquents, même si leur écriture manque souvent de logique et d'enchaînement narratif. Un nombre significatif de ces patients auxquels j'enseigne l'écriture créative ont également entendu des voix, et plusieurs d'entre eux sont nettement hypergraphiques. P., patiente maniacodépressive et femme intelligente, s'exprimant bien et très instruite, qui faisait partie de l'un de mes cours, me confia qu'elle avait écrit un manuscrit de sept cents pages en l'affaire de quelques mois durant l'une de ses intenses et durables envolées joyeuses.

Le fait d'entendre des voix est sans doute éminemment associé à la schizophrénie. Certains schizophrènes sont harcelés par des assauts réguliers de voix – parfois malveillantes, parfois non – dont les interminables commentaires, réprimandes ou directives interfèrent dans les activités quotidiennes – s'éveiller, travailler, manger – comme dans la vie de famille. Néanmoins, depuis la publication du livre de Jaynes en 1974, un certain nombre d'études ont montré que les hallucinations auditives sont fréquentes chez des individus n'ayant pas fait l'objet d'un diagnostic de maladie mentale. Daniel Smith, auteur de *Muses, Madmen and Prophets : Rethinking the History, Science, and Meaning of Auditory Hallucinations (Muses, fous et prophètes : repenser l'histoire, la science et la signification des hallucinations auditives)*, s'intéressa au sujet parce que son père et son grand-père entendaient tous deux très souvent des voix. Ni l'un ni l'autre n'était schizophrène ou maniacodépressif. J'ai trouvé touchant que Smith se soit efforcé de susciter des voix en lui-même. Il alla jusqu'à s'immerger dans une cellule de privation sensorielle, avec l'espoir de connaître cette expérience, mais en vain[171].

La façon d'interpréter les voix varie d'une personne à l'autre. Certaines personnes, surtout des schizophrènes, attribuent les bavardages entendus à l'intérieur ou à l'extérieur de leur tête à des visiteurs envahissants venus de l'espace, à des anges, à des implants de radios ou, plus récemment, de puces d'ordinateur, tandis que d'autres semblent savoir que les voix qu'ils entendent sont d'origine interne. Les schizophrènes sont les plus susceptibles d'affabuler une explication, de se bercer d'illusions. Après tout, une hallucination est simplement une expérience qui ne fait pas partie de la réalité intersubjective. Si j'entends sonner des cloches, que je vous demande si vous les entendez aussi, et que tout ce qui parvient à vos oreilles, c'est le bruit blanc de mon salon, vous avez des raisons de croire qu'il se passe en moi quelque chose de bizarre.

Après la cérémonie de plantation de l'arbre en l'honneur de mon père, nous nous retrouvâmes, ma mère, mes sœurs et moi, en conversation dans la cuisine de Liv. Nous discutâmes un moment de mes mystérieuses convulsions et puis, évoquant une autre énigme neurologique, je parlai de mes hallucinations auditives. Quand j'avais environ onze et douze ans, j'entendais des voix, pas constamment mais une fois de temps en temps. Elles arrivaient lorsque j'étais seule, en un chœur mécanique qui répétait des phrases en boucle, ce qui me donnait l'impression qu'elles voulaient m'attirer dans leur rythme insistant et menaçant, prendre possession de moi. Liv raconta qu'elle avait entendu des voix punitives à peu près au même âge et qu'elle les avait combattues avec ses mots à elle, en essayant de les noyer. Ma sœur Ingrid annonça alors qu'à six ou sept ans elle avait eu l'impression que quelqu'un lui parlait et avait cru qu'il s'agissait de sa conscience s'adressant à elle à haute voix. Une nuit, désemparée par le bavardage dans sa tête, elle s'était levée pour aller trouver nos parents et leur demander ce qu'elle devait faire à propos de "Jiminy Cricket". Pinocchio était la seule référence à ce phénomène qu'elle possédât, une référence tout à fait sensée mais, on peut le comprendre, nos parents ne saisirent pas à quoi elle faisait allusion. Il s'avéra que ma mère n'avait jamais entendu de voix, non plus que ma sœur Asti. Asti avoua qu'elle se sentait un peu exclue – seule des quatre sœurs à ne jamais avoir eu d'hallucinations. Plus tard, ma fille Sophie, aujourd'hui âgée de vingt et un ans, m'a raconté qu'elle aussi avait entendu des voix quand elle était plus jeune. Mon père m'a un jour confié, après la mort de mon grand-père : "J'entends parfois mon père m'appeler." Il énonçait cela très simplement, comme une réalité, et avec une émotion évidente, mais je n'avais pas l'impression qu'il considérait la chose comme désagréable. Il aimait son père et, quelquefois, il l'entendait. Peut-être était-ce le retour d'un vieux souvenir auditif issu de l'hémisphère droit de son cerveau – le son de la voix de son père l'appelant à la maison. A divers moments de ma vie, j'ai cru entendre les voix de mes parents prononçant mon nom. Il semble qu'entendre des voix soit un trait de famille. Mon père, trois des quatre sœurs et ma fille, tous, nous en entendons ou en avons entendu.

Une autre petite histoire illustre bien le caractère affectif, bref et irrécusable d'une forme au moins de ce phénomène consistant à entendre une voix qui doit émaner de l'intérieur de la personne mais que celle-ci entend clairement comme provenant de quelqu'un d'autre. Pendant le siège de Sarajevo, nous hébergeâmes, mon mari et moi, un directeur de théâtre qui avait mis en scène une adaptation d'un des livres de mon mari. Au cours des quelques jours qu'il passa chez nous, il nous raconta des histoires où il était question d'amitiés trahies, d'actes de cruauté indicibles et des incessantes privations dues à la guerre. Un jour, en fin de matinée, il quitta notre maison à Brooklyn pour aller à un rendez-vous à Manhattan. Je lui dis au revoir et remontai travailler à mon bureau. Quelques minutes après m'être assise, je l'entendis crier : "Aidez-moi !" Je dégringolai deux volées d'escalier jusqu'à la porte d'entrée, m'attendant à le voir étalé sur les marches du seuil. Mais il n'y avait pas signe de lui. J'avais eu une hallucination. Jamais je n'avais entendu cet ami dire "aidez-moi". La voix, *sa voix*, n'était pas le souvenir acoustique de mots qu'il aurait prononcés mais, à mon avis, comme il arrive dans les rêves, un condensé des dialogues de plusieurs jours mémorisés en un unique et intense appel à l'aide, surgi de façon soudaine et involontaire d'un profond recoin émotionnel de mon esprit.

Depuis cet étrange et mémorable appel à l'aide, les seules fois où il m'arrive encore régulièrement d'entendre des voix, c'est la nuit. Quand je suis au lit, allongée entre veille et sommeil, j'entends souvent des voix, masculines et féminines, qui prononcent de brèves phrases emphatiques et, de temps à autre, mon nom. Parfois je m'enjoins de me souvenir de ce qu'ils ont dit, ce que je fais rarement. Ce sont les sonorités éphémères de ces instants où la pleine conscience fléchit et où mon esprit semble partir sur deux voies distinctes : l'audible et le visible. D'invisibles inconnus parlent en salves brèves tandis que je contemple les fabuleuses hallucinations hypnagogiques, souvent brillamment colorées, tant figuratives qu'abstraites, qui défilent sous mes paupières closes. De tels phénomènes se passent au seuil du sommeil et des rêves. De même que les rêves, ils ne me semblent pas voulus. Ce qui est différent des rêves, c'est que j'écoute les voix mais ne leur réponds jamais et que je regarde les visions comme un observateur, non comme un acteur à la première personne. Un jour, je me suis vue dans l'une de ces images liminaires du sommeil. Je n'ai d'abord pas reconnu la personne que je voyais, et puis je me suis rendu compte que c'était une image de moi plus jeune. Je tenais dans mes bras ma fille encore bébé. Sophie a posé la tête sur mon épaule et alors, comme tout le reste sur cet écran en métamorphose, nous avons disparu.

S'il est une leçon à tirer de cette brève tournée des sensations transcendantes et des voix venues d'ailleurs, c'est combien il peut être difficile de classer le phénomène. Quelquefois, ces expériences sont liées à une maladie telle que l'épilepsie ou à une psychose ; quelquefois non. Si elles deviennent intolérables pour vous ou pour vos proches, vous pouvez vous retrouver en traitement dans un hôpital. Sinon, des humeurs exaltées, voire extatiques, et des voix intermittentes peuvent simplement s'intégrer à votre vie quotidienne ou se frayer un chemin dans votre poésie. Elles peuvent, pour tout dire, rendre la vie plus, et non moins, significative, et vous les lirez forcément du point de vue de votre propre histoire narrative. Les illuminations extatiques de Rilke et de Rumi peuvent avoir en commun tel ou tel trait, tel terrain physiologique, mais chacun d'eux a conceptualisé ses transports de façon différente, parce que chacun vivait à l'intérieur de la langue et de la culture qui lui étaient propres. Ce qui est certain, c'est la difficulté que l'on rencontre à distinguer la *personnalité* d'avec ces expériences vécues, si curieuses soient-elles et particulièrement si elles sont récurrentes, et l'importance capitale, pour vivre avec elles, de la façon dont on les comprend.

Je reçois du Dr L. une lettre de trois pages à simple interligne décrivant notre entrevue et le processus envisagé. Cette femme fait les choses à fond. Une phrase retient mon attention : “En résumé, l'historique et l'examen physiologique indiquent qu'elle souffre de migraine classique, se transformant occasionnellement en *état de mal migraineux*, et qu'elle s'inquiète à l'idée, fondée sur l'historique et sur les caractéristiques des épisodes, qu'il puisse s'agir d'épilepsie du lobe temporal." Hélas, ma vie est vécue dans les zones frontalières de Céphalée. Presque chaque matin, je m'éveille avec une migraine, qui disparaît après le café, mais presque chaque jour comporte sa dose de douleur, de nuages dans la tête, de sensibilité accrue à la lumière, aux bruits, à l'humidité de l'air. La plupart des après-midi, je m'allonge pour faire mes exercices de biofeedback, qui calment mon système nerveux. Le mal de tête, c'est moi, et le comprendre a été mon salut. Peut-être la méthode consistera-t-elle maintenant à intégrer aussi la femme qui tremble, à admettre qu'elle fait, elle aussi, partie de moi.

Je suis assise dans la petite salle d'attente du cabinet d'imagerie médicale avec le formulaire standard. La compagnie d'assurances n'a donné son accord que pour l'IRM du cerveau, pas pour celle du rachis cervical. En écrivant mon nom et mon adresse, je me rends compte que je m'apprête à commettre une erreur. A "Ville", j'ai failli écrire Northfield, la ville de mon enfance, au lieu de Brooklyn. Je suis abasourdie. Il y a vingt-sept ans que je vis à Brooklyn, et trente dans l'agglomération new-yorkaise. Que se passe-t-il ? Sans m'en rendre compte, je dois avoir voyagé dans le temps vers une maison dont je ne me souviens pas. Tout ce que j'ai retenu de ces jours anciens, c'est ma première adresse, 910, East Second Street, Northfield, Minnesota. L'intérieur de cette maison est purement imaginaire et ses occupants sont des personnages auxquels j'ai donné forme grâce aux récits d'autrui. Ma jeune mère se penche sur un bébé fiévreux dont le corps est agité de soubresauts et de tressaillements. J'habite à présent dans une autre Second Street, située, celle-là, à Brooklyn, New York. La bévue a pris naissance dans un sous-sol mental où une ville a remplacé l'autre, deux rues n'en ont plus fait qu'une et passé et présent se sont mêlés en une seule image paroxystique. Ce qui pointe à la lumière du jour, c'est un mot : *Northfield*. Lorsque ma main a fait courir le stylo sur le papier pour remplir le formulaire, ce geste habituel, accompli des milliers de fois depuis que j'ai appris à écrire, s'est resitué, comme si j'étais encore écolière à mon pupitre, en train d'inscrire mon nom et mon adresse à l'intention de l'institutrice.

Quand on m'immobilise la tête et que l'on m'introduit dans ce long tube, je me sens anxieuse. Le technicien m'explique que j'en ai pour une demi-heure environ. Il me donne une balle à serrer si je m'aperçois que "je n'aime pas être là-dedans" – en d'autres termes, si je panique. Je n'aime pas être là-dedans mais je ne panique pas. Je m'exhorte à pratiquer le biofeedback et à m'ouvrir à l'expérience comme le ferait tout bon phénoménologue. Bien qu'on m'ait mis des bouchons dans les oreilles, le bruit que fait la machine est assourdissant. J'ai l'impression d'être condamnée à assister sans pouvoir bouger à un concert rock extraterrestre dont les rythmes m'assaillent la tête en salves incessantes. J'essaie de compter la mesure. Trois longues volées de bruit, et puis six sons plus brefs. Je peux assimiler ce schéma mais, là-dessus, arrive un marteau-piqueur. Le concert s'est métamorphosé en un robot sous amphétamines qui me prend pour son tambour. J'ai du mal à rester immobile. Les bruits me claquent dans la tête, mais je les sens aussi dans ma cage thoracique, dans mes bras et dans mes jambes. Mon visage se convulse malgré moi, et j'émerge hébétée de ma demi-heure d'encapsulation.

En sortant de l'immeuble, je me rends compte que mon état d'hébétude diminue. Ma vision a changé. Dehors, la lumière du soleil me blesse. La sensation de vertige arrive, et la nausée. Suivies d'une douleur aiguë et d'un stupéfiant épuisement qui ralentit chacun de mes pas. L'IRM a déclenché une migraine. L'examen destiné à chercher dans mon cerveau des cicatrices qui confirmeraient un diagnostic d'épilepsie a envoyé bouler ce pauvre organe en territoire familier – au pays de Céphalée. Cette ironie me fait sourire. Je ne lutte plus contre la migraine. Je l'embrasse et, ce faisant, je parviens aussi, bizarrement, à moins sentir la douleur.

Dans *La Pesanteur et la Grâce*, Simone Weil écrit :

> Maux de tête. A tel moment : moindre douleur en la projetant dans l'univers, mais univers altéré ;

douleur plus vive une fois ramenée à son lieu, mais quelque chose en moi ne souffre pas et reste en contact avec un univers non altéré[172].

Philosophe, mystique et militante politique, Weil était affligée de migraines débilitantes. C'était une migraineuse chronique, dont les traits de personnalité ressemblent fort à ceux que Norman Geschwind associait à l'épilepsie du lobe temporal. Il conviendrait de la qualifier d'hyposexuelle ; elle n'eut jamais d'amant, mais elle écrivait avec une énergie inépuisable et était d'un tempérament profondément religieux. Si elle faisait des crises d'épilepsie, celles-ci ne furent jamais diagnostiquées. Geschwind ne pensait pas que la liste de caractéristiques qu'il avait établie fût limitée aux cas d'épilepsie, ce qui élargit le syndrome tout en l'affaiblissant en tant qu'outil de diagnostic. Weil était une personne douée de talents intellectuels rares, que ses expériences ont éloignée du matérialisme pour la faire accéder au domaine de la transcendance extraordinaire. (J'ai dans l'idée qu'elle aurait pu débrouiller n'importe quelle image que le professeur Baruss lui aurait mise sous les yeux.) La vie de Weil constitue un exemple de plus de la façon dont le neurologique et le psychologique se chevauchent pour donner forme à des convictions de nature tant spirituelle que non spirituelle, ainsi que l'affirmait James. Isoler les migraines de Weil de sa personnalité et de ses idées ne peut que créer des catégories erronées, ce qui ne veut pas dire qu'elle devait à ses maux de tête d'être ce qu'elle était. Elle était, comme chacun d'entre nous, un être dont la personnalité se construit avec le temps. Une tendance génétique à la migraine et l'expérience répétée des maux de tête, ainsi que l'instabilité neurologique qui les accompagne, furent des pièces essentielles dans l'histoire de sa vie, de même que les crises de Dostoïevski. L'épilepsie et la migraine ne sont pas, évidemment, l'apanage exclusif des plus doués d'entre nous. Les débordements hypergraphiques d'une personne peuvent être brillants, et ceux d'une autre pures sornettes. La maladie ne rend pas nécessairement intelligent.

Mais ce passage où Weil évoque les maux de tête est d'une perspicacité caractéristique. Elle dissout la frontière entre le dehors et le dedans. Son mal est interne et externe, sa douleur féroce et, pourtant, quelque chose en elle la suspend et saisit ce qui n'est pas atteint mais reste entier. Je sais d'expérience qu'il est possible de travailler même avec de sévères maux de tête, d'avoir mal mais d'apprendre à ne pas prêter à la douleur une attention qui ne fera que l'exacerber. Polarisation et souci aggravent les maux de tête. Distraction et méditation les atténuent.

Dans *Pain : The Science of Suffering (La douleur : la science de la souffrance)*, le neurologue Patrick Wall soutient que la douleur n'est pas mesurable selon les méthodes habituelles de la science. Etude après étude, écrit-il, des chercheurs ont constitué des groupes de "sujets", administré à chacun de ceux-ci un stimulus douloureux et puis contrôlé et comparé les réactions physiologiques de leurs volontaires. C'est ainsi que procède la science, mais Wall affirmait que le contexte artificiel de telles expériences dénature la réalité de la douleur. Les sujets savent que les chercheurs ne vont pas les soumettre à un état de souffrance prolongée et que, s'ils ont trop mal, ils peuvent crier "Stop !" Wall qualifie de *douleur sans souffrance* cet environnement de laboratoire : "La mesure de la douleur en de telles circonstances a été effectuée lors de milliers de tests. Le concept d'une pure sensation de douleur libérée des perceptions et significations est inhérent à ces tests. Nombreux sont ceux qui croient à l'existence d'une telle sensation. Je n'y crois pas[173]." Wall fait observer qu'en dépit d'expériences conduites exactement de la même façon, avec des instructions verbales identiques, le seuil supérieur de la tolérance à la douleur varie d'une culture à l'autre. Les résultats dépendent aussi de la personne qui donne les instructions – homme ou femme, professeur, technicien ou étudiant.

Aucune de ces découvertes ne me surprend. Si l'on sait que la souffrance va prendre fin (cette grippe intestinale dure vingt-quatre heures, je serai bientôt guérie), elle est plus supportable qu'une douleur légère dont on vous a dit qu'elle est en train de vous tuer. J'ai mes racines en Scandinavie, région où l'on attache un grand prix au stoïcisme. Nager dans une eau glacée y est considéré comme admirable alors que, dans une autre culture, on pourrait trouver cela stupide ou carrément de la folie, et les réactions d'un individu à ce plongeon dans les profondeurs glaciales ne *sembleront* pas seulement différentes, en fonction de ce que cela signifie pour lui, elles *seront* différentes, et pas simplement au plan psychologique, au plan neurobiologique aussi. On ne peut dissocier les deux. La plupart des gens sont plus impressionnés par un professeur que par un étudiant et auront davantage tendance à faire étalage de leur résistance face à *Herr Doktor* en personne que devant un sous-fifre lisant un manuel. Je soupçonne les confrontations entre hommes de comporter souvent une rivalité nourrie de testostérone, chose où les femmes sont moins susceptibles de s'engager. Et la souffrance est toujours émotionnelle. Peur et dépression sont les compagnes fidèles d'une douleur chronique. *Ça ne disparaîtra jamais, j'aurai toujours mal, je suis tellement triste* sont autant de mantras chez ceux qui s'éveillent, se traînent toute la journée et vont se coucher chaque soir avec une douleur incessante d'une espèce ou d'une autre. Quand j'ai connu mes deux accès de *status migraineux*, dont chacun a duré une année environ, je ne cessais d'examiner ma douleur : *avait-elle diminué ? Un peu*. L'espoir brandissait en moi un drapeau victorieux. *Elle va bientôt disparaître et ce sera pour toujours ! Avait-elle empiré ? Oui, manifestement, c'était pire.* J'abaissais le drapeau et repartais au combat. Heure après heure, jour après jour, mois après mois, je traquais les hauts et les bas de ma pauvre tête. Après avoir vu le Dr E. et appris à méditer avec sa machine (il n'y a pas de différence fondamentale entre le biofeedback et différentes formes de méditation orientale), je pris congé de la brigade de surveillance de la migraine. Je cessai de prêter autant d'attention à ma douleur. Elle est là souvent et, régulièrement, elle devient violente et je dois arrêter de travailler et m'allonger, mais je ne désespère plus, pas plus que je n'imagine qu'elle va disparaître à jamais. Ma souffrance est qualitativement différente de ce qu'elle était quand j'étais plus jeune. Je souffre moins parce que ma perception de la douleur ressentie et la signification que j'y attache ont changé.

Patrick Wall est mort d'un cancer en 2001. Dans son livre publié l'année précédente, il n'élargit pas sa réflexion de manière à y inclure la recherche scientifique sur d'autres aspects de la vie humaine, mais il aurait aisément pu le faire. Pour l'essentiel, Wall dit : on ne peut séparer de la douleur la perception de la douleur, et ces perceptions ont un sens. De telles perceptions concernent le système nerveux d'un individu à l'intérieur d'un corps en particulier, en relation à un environnement particulier – culture, langage et autres personnes (présentes et absentes). C'est dans le corps vécu d'un sujet que la douleur se produit, non dans le corps hypothétique, objectif et inerte, de *Gray's Anatomy*. Existe-t-il, de quoi que ce soit, une "sensation pure" attribuable à des circuits nerveux plutôt qu'à un être humain doté d'un corps, capable de sentir et de penser, vivant dans un monde ? Et ce problème n'effleure même pas l'énigme troublante du mot lui-même, *douleur*, utilisé ici par les chercheurs pour désigner ce qui se passe après qu'un "sujet" a reçu un choc électrique, une piqûre d'épingle ou une gifle. Que sais-je de ce que signifie la douleur sinon ce qu'elle signifie pour moi ? Pendant des années, je me suis interrogée à propos des méditations de Wittgenstein sur la langage et la douleur dans ses *Investigations philosophiques* : "La sensation [de douleur] [...] n'est pas un *quelque chose*, mais pas non plus un rien ! La conclusion était seulement qu'un rien servait tout aussi bien qu'un quelque chose dont on ne pouvait rien dire." Le philosophe poursuit en recommandant de "[rompre] radicalement avec l'idée que le langage ne fonctionne toujours que d'*une* manière, et toujours pour le même but : traduire des pensées – qu'elles concernent des maisons, des douleurs, le bien, le mal, ou quoi que ce soit[174]". Le caractère insaisissable du langage tient à son usage, qui diffère d'un locuteur à l'autre. Les scientifiques l'oublient avec une surprenante régularité.

Il m'a toujours paru comique d'entendre un médecin me demander d'évaluer ma douleur sur une échelle de 1 à 10. Les nombres prennent ici la place des mots. Evaluer ma douleur en fonction de quoi ? La pire que j'aie jamais connue ? Est-ce que je me souviens de ma pire douleur ? Je ne me la rappelle pas en tant que douleur, seulement comme un souvenir explicite ou dans une relation d'empathie avec mon passé : accoucher fait mal, les migraines font mal, mon coude cassé m'a fait mal. Laquelle de ces douleurs était un 6, un 7 ? Votre 4 est-il mon 5 ? Le 9 de Charlie est-il le 2 de Daya ? Existe-t-il véritablement un 10, ou est-ce une sorte de représentation idéale de l'insoutenable ? Trépasse-t-on après un 10 ? L'idée qu'on pourrait indiquer par des chiffres des degrés de souffrance est risible mais courante. La tentative de lever l'ambiguïté ne fait que confirmer celle-ci.

Ce qui a changé dans ma propre douleur est d'ordre psychobiologique. Ma pensée a joué un rôle essentiel dans la réduction de ma douleur. Comme le reconnaissaient les auteurs de l'article sur l'effet placebo cité plus haut, des "facteurs cognitifs" affectent la neurochimie. Ce que nous avons toujours considéré comme mental peut influencer ce que nous avons toujours considéré comme physique. Nul ne peut expliquer comment fonctionnent ces mécanismes complexes, mais l'activité dans la partie préfrontale, exécutive, du cerveau semble bien réguler et inhiber de nombreuses fonctions cérébrales. Des individus atteints de troubles obsessionnels compulsifs peuvent arriver à réduire leurs besoins intenses de se laver, de vérifier, de compter ou de toucher grâce à de simples techniques comportementales cognitives – résister à l'impulsion pendant des périodes de temps de plus en plus longues. L'analyse s'est révélée aussi efficace que la chimie dans des cas de dépression faible ou modérée, bien que le traitement associe souvent les deux[175].

L'homme est un animal répétitif. Toute signification est générée par la répétition. Quand je tombe sur un mot que je ne comprends pas, il me faut le chercher dans le dictionnaire avec l'espoir que, la fois suivante, je me souviendrai de ce que signifie *prurigineux*. Sitôt qu'elle se répète, la nouveauté cesse d'être nouveauté. Trembler une fois n'est pas la même chose que trembler deux fois. Dans les affections psychiatriques et neurologiques, il semble que la répétition soit souvent compulsive, un besoin irrépressible de retourner au même, tendance que Freud avait remarquée chez ses patients et dont il a parlé dans ses écrits. A l'hôpital où j'enseigne, il paraît évident que beaucoup des patients qui assistent à mes cours sont tombés dans des ornières neuropsychologiques qui les rendent incapables de se dégager d'un schéma d'implacable répétition morbide. C'est ainsi que le déprimé rumine une pensée sombre après l'autre, bien qu'il y ait des moments où, encouragé à concentrer son énergie dans une tâche d'écriture, il se trouve, ne serait-ce que momentanément, projeté hors des tranchées de sa misère. "Je me souviens de la sauce au jus de poulet que faisait ma mère, et du bon goût qu'elle avait."

L'histoire de la femme qui tremble est le récit d'un événement répétitif qui, avec le temps, a pris des significations multiples selon la perspective d'où on le considère. Ce qui est apparu d'abord comme une anomalie est devenu après sa récurrence effrayant et chargé d'émotion. Peut-on dire que mes réactions ont été, avec le temps, plus psychologiques que neurologiques ? Où tracer la limite ? Les scientifiques ont l'habitude de parler de *niveaux* – le niveau neural et le niveau psychologique. Ils se servent d'une métaphore spatiale. Tout en bas se trouvent les neurones. Un cran plus haut, la psyché. Nous grimpons à une échelle, qui n'est pas sans ressemblance avec la chaîne de la vie, à l'époque médiévale. Le visible existe au degré inférieur, le psychique au deuxième. Il est possible de voir un neurone. Pas vos pensées. Les neurones sont-ils plus réels que les pensées ? Les scientifiques parlent fréquemment de représentations neurales. Comment les neurones *représentent*-ils les choses ? Une représentation, c'est une image ou un symbole d'autre chose. Comment cela fonctionne-t-il ? Y a-t-il une strate *cerveau* et, au-dessus, une strate *esprit*, et les deux sont-elles en quelque façon reliées ? D'autres scientifiques et philosophes ajoutent un troisième étage correspondant à notre vie globale, sociale et culturelle – à ce qui se trouve en dehors de nous. N'est-il pas possible que cette métaphore visuelle soit problématique, que l'idée même de *niveaux* hiérarchiques soit impropre ? Peut-on réellement établir une distinction aussi nette entre cerveau, psyché et culture ? Ne sommes-nous pas nés dans un monde où autres et objets sont chargés de signification ? Je n'ai pas de réponse à ces questions mais, tout comme Wall, je demande s'il est possible d'isoler de son contexte une expérience telle que la douleur.

D'un autre côté, je ne pense pas qu'il faille ignorer la biologie. Mon attirance pour la pensée de

Merleau-Ponty vient de ce que, à l'instar de James, il met l'accent sur la réalité corporelle de l'existence humaine. Merleau-Ponty dit du corps, visible et mobile, qu'il est une chose parmi les choses, qu'il est pris dans l'étoffe du monde et que sa cohésion est celle d'une chose. Mais il ajoute que, parce que le corps se déplace et voit, il maintient les choses en cercles autour de lui[176]. La vogue récente de la construction sociale – l'étude de la façon dont les idées se forment dans une culture et configurent nos pensées – a donné le jour à d'innombrables livres portant des titres tels que *La Construction sociale de X* et *L'Invention d'Y*. Souvent, ces livres ont un programme politique. En révélant comment l'idée de genre féminin, par exemple, a été "construite" et "reconstruite" au cours des temps, il peut être possible d'alléger la responsabilité du sexisme en démontrant que la féminité n'est pas une entité statique mais une notion fluctuante, sujette à l'influence de l'histoire et de la société. Il serait très difficile de soutenir le contraire mais, parfois, l'intensité de l'attention portée au social transforme les humains en têtes dépourvues de corps. En dépit de l'existence d'hermaphrodites, nous sommes en majorité masculins ou féminins de naissance, et il y a, entre les deux sexes, des différences qui n'impliquent pas forcément la nécessité d'opprimer l'un ou l'autre. Quand j'ai donné le jour à ma fille, j'ai senti que mon corps avait pris les choses en main. Etre enceinte et accoucher sont, bien entendu, choses socialement construites. Dans *De la souillure, essai sur les notions de pollution et de tabou*, Mary Douglas fait remarquer que dans la culture lélé un enfant à naître est perçu comme dangereux pour les autres membres de la communauté et une femme enceinte doit se garder d'approcher des malades afin d'éviter d'aggraver leur état[177]. Sophie est née en 1987 et, dans mon milieu, on se faisait un point d'honneur d'accoucher "naturellement", sans recourir aux antalgiques. A présent, la péridurale fait partie de la routine. La douleur est ringarde. Soulager la douleur est tendance. Les "constructions" varient d'une culture à l'autre et évoluent à l'intérieur des cultures. Mais dans une autre perspective, la naissance est un événement physique et, fondamentalement, toujours le même. Le sexe et la naissance participent à la fois des idées culturelles et des réalités naturelles.

Dans *Entre science et réalité, la construction sociale de quoi ?* Ian Hacking examine la maladie psychiatrique et suggère qu'il y a place pour la construction *et* la biologie. Il attire l'attention sur le fait que les classifications affectent les individus. Elles interagissent avec eux, sont ce que Hacking appelle des *espèces interactives*. Etre qualifié de schizophrène vous affectera, et vous pouvez, à cause de cela, vous retrouver dans la sous-culture de la psychiatrie, un pays en soi avec ses médecins en blouse blanche, ses interventions pharmacologiques, ses salles fermées à clé, sa thérapie par la danse, voire par des cours d'écriture qui influenceront la façon dont vous pensez à vous-même. Tout cela ne signifie pas que n'est pas à l'œuvre une biologie inhérente, nullement affectée par ce qu'on pense d'elle ; une prédisposition génétique à la schizophrénie entraînerait la qualification d'*espèce indifférente*, version de Hacking du terme philosophique *espèce naturelle*[178]. Parfois, néanmoins, et Hacking le sait bien, notre façon de penser affecte notre biologie. Ma pratique du biofeedback modifie mon système nerveux. Tout cela met l'accent sur l'intérêt de la science pure. De l'observation d'une seule cellule peut naître une moisson de résultats extraordinaires. L'étude des formes de vie inférieures peut nous en dire long sur nous-mêmes. La place importante qu'occupe la science dans la culture n'est pas le fait du hasard. Ainsi que l'affirmait Jürgen Habermas, la science tire l'ascendant qu'elle exerce sur le monde moderne de la démonstration qu'elle a faite de l'étendue de son pouvoir sur le monde naturel[179]. Il n'est que de penser à la bombe atomique ou, dans un registre plus positif, aux antibiotiques.

Le langage dont nous nous servons est la clé de notre compréhension, toutefois, et beaucoup des modèles intellectuels utilisés pour expliquer *ce qu'il en est* de nous autres humains sont limités, inadéquats ou carrément insuffisants. Catégories, frontières, distinctions et métaphores telles qu'échelles, racines, théâtres, ordinateurs, plans, mécanismes ou chambres verrouillées sont à la fois nécessaires et utiles, mais il faut les reconnaître pour ce qu'elles sont : des images commodes favorisant la compréhension – et qui, nécessairement, laissent de côté ou interprètent mal ou déforment une réalité ambiguë et changeante. Il est humain de vouloir épingler les choses et leur donner un nom. Personne n'a vraiment envie de vivre comme le héros de Borges, un homme si attentif à la remuante abondance du monde des phénomènes que le chien aperçu à trois heures quatorze a droit à un nom différent de celui aperçu à trois heures quinze. Et pourtant ce récit nous rappelle que toute abstraction a son coût. Les médecins ont besoin de diagnostics, de noms pour tel ou tel groupe de symptômes, et leurs patients également. Me voici enfin en possession d'un écriteau à suspendre sur mes peines et douleurs, tremblements et vacillements divers et variés. Ah oui ?

L'IRM ne révèle rien. Mon cerveau a un aspect normal : ni grosseurs, ni tumeurs, ni diminution. Je vais devoir me battre avec la compagnie d'assurances pour qu'on me fasse l'autre, celle de mon rachis. Il est certain qu'un pourcentage considérable d'individus sujets à des crises d'épilepsie ont aussi des résultats normaux aux examens par imagerie neurologique. Dans le *Journal of Neurology, Neurosurgery, and Psychiatry*, je trouve un article intitulé : "Est-il justifié de recommander la chirurgie dans des cas d'épilepsie chez des patients dont l'imagerie neurologique est normale[180] ?" Les auteurs croient que oui : naturellement, ils souhaitent prélever des fragments de cerveau appartenant à des gens qui sont torturés par des crises, même si leurs médecins ne trouvent pas trace de lésion sur les résultats de leur IRM. Suis-je une fois encore revenue à la case départ ? Je suis à présent suivie par une neuropsychiatre et par une neurologue, mais ni l'une ni l'autre ne peut me dire qui est la femme qui tremble.

Bien qu'utile, couper ce qui est intérieur à la personne (le neurologique et le psychologique) de ce qui lui est extérieur (les autres personnes, le langage, le monde) est artificiel. Les différences révélées par de telles coupures sont affaire de centre d'intérêt, de façon de voir et d'interpréter une maladie ou un symptôme. Même si mon tremblement relevait de l'hystérique, d'une forme de dissociation, d'une métaphore personnelle pour l'indicible ou pour le deuil ou pour un conflit émotionnel avec mon père que j'aurais refoulé, qui se serait alors manifestée comme une crise psychogénique, je doute que cela eût pris cette forme en particulier si je n'y avais été neurologiquement prédisposée, peut-être à cause de mes convulsions fébriles quand j'étais un nourrisson, de la crise que, jeune femme, j'ai faite à Paris, avant ma longue migraine, ou pour quelque autre raison non encore identifiée. Beaucoup de gens – acteurs, musiciens, chirurgiens, avocats – sont sujets à des tremblements de la main avant ou au début d'une prestation, et nombreux sont ceux qui y remédient à l'aide d'un médicament. Il se pourrait que mes crises constituent simplement une version extrême de cette manifestation physique plus prosaïque d'anxiété. Imaginons, d'autre part, que, cachée quelque part dans mon cerveau, où l'IRM ne l'a pas détectée, ou quelque part dans mon rachis cervical inexploré, se trouve une *lésion* qui pourrait être désignée comme la *cause* de mes tremblements. Je ne crois toujours pas que j'aurais commencé à frissonner si je n'avais pas été en train de parler de mon père, debout sur ce territoire d'ancienne mémoire, ou si je n'avais pas eu en face de moi des amis de la famille que je connaissais depuis l'enfance. Je n'aurais pas tremblé ce jour-là sans l'intervention de quelque catalyseur émotionnel puissant, quoique caché. D'authentiques crises d'épilepsie sont souvent déclenchées par une émotion intense. Et mon tremblement dans les Pyrénées ? J'avais grimpé trop vite dans l'air raréfié et j'étais essoufflée, ce qui avait provoqué les mouvements convulsifs de mon organisme déjà vulnérable. L'hyperventilation peut entraîner des crises. Il existe un seuil pour chacun. Il se peut que le mien soit plus bas que la moyenne. Bien évidemment, je peux me tromper en tout cela.

Quelle que puisse être la vérité, les hauts et les bas de mon système nerveux ainsi que mes rencontres avec les médecins illustrent les ambiguïtés de la maladie et du diagnostic. Les idées philosophiques qui sous-tendent le fait de donner un nom à une chose et un autre à une autre échappent souvent à l'examen et sont peut-être déterminées par des modes intellectuelles plus que par une réflexion rigoureuse. Quand le *New York Times* titre

"L'hystérie est-elle une réalité", cela conforte l'opinion conventionnelle : ce qu'on peut voir, c'est réel et physique. Ce qu'on ne peut pas voir, c'est irréel et mental. Ou, plutôt, la plupart des scientifiques conviennent que ce qui est mental est en réalité physique, mais ne peuvent pas décrire comment cela marche. Et puis, pour d'autres encore, il n'est pas de réalité physique qui puisse être comprise comme si nous pouvions nous extraire de nos propres têtes et devenir objectifs ; tout ce que nous vivons nous est donné *via* le mental. Le monde est esprit. Quel que soit le cas, à un "niveau" plus prosaïque, il n'existe aucune relation de cause à effet simple et identifiable pouvant éclairer ce qui, exactement, ne va pas en moi, pas de mouvement linéaire d'une chose à une autre, mais un nombre de facteurs susceptibles de jouer ou non un rôle dans les divagations du chemin de la femme qui tremble.

L'une de mes amies a une sœur qui fait des crises d'épilepsie depuis sa tendre enfance. L. se réveillait pendant la nuit et voyait sa sœur en train d'agiter les bras et de se débattre dans le lit voisin du sien. L. m'a dit que sa sœur ne se sent pas aliénée par ses auras et ses crises. A vrai dire, elles font si profondément partie d'elle qu'elle répugne à les éliminer à l'aide de médicaments. Dans son essai intitulé "Ray, le tiqueur blagueur", Oliver Sacks décrit un homme atteint d'un syndrome de Tourette, auquel ses tics manquaient tellement quand le médecin les eut fait disparaître qu'il décida de se mettre en congé de médication pendant les week-ends afin de pouvoir à nouveau "tiquer" avec un joyeux abandon[181]. P., la patiente bipolaire auteur du manuscrit de sept cents pages, m'a confié qu'elle se sentait en deuil de sa manie. J'avais la conviction que, sitôt autorisée à quitter l'hôpital, elle arrêterait de prendre son lithium. Après que ses voix se furent tues, un schizophrène éprouva pour la première fois depuis des années un sentiment de solitude, et il n'était pas certain que ça lui plût. Dans *Le Mal de minuit*, la neurologue Alice Flaherty décrit et analyse sa graphomanie *post-partum*, qui commença peu après qu'elle eut mis au monde des jumeaux qui moururent. Elle se sentait aussi visitée par une horde d'images métaphoriques qui donnaient à la réalité environnante un caractère d'une extraordinaire vivacité mais étaient envahissantes et dérangeantes. Lorsqu'un médicament y mit fin, écrit-elle, "le monde devint si mort que, ma psychiatre et moi, nous réduisîmes les doses jusqu'à ce que je puisse récupérer au moins quelques-unes de mes métaphores tyranniques[182]". Quelle importance, que ce soit une maladie ? demandait le prince Mychkine. Moi aussi, je me suis mystérieusement attachée à mes migraines et aux sensations diverses qui les accompagnent. Je ne distingue pas vraiment où finit la maladie et où je commence, moi ; plus exactement, les migraines, c'est moi, et les rejeter reviendrait à m'expulser de moi-même.

Nul d'entre nous ne fait le choix de la maladie chronique. C'est elle qui nous choisit. Le temps aidant, la sœur de L. n'a pas adapté sa vie à ses crises tonico-cloniques ; ses crises se sont intégrées au tissu même de son identité consciente, son moi narratif, ainsi que le sont mes migraines, la manie de P., les métaphores et la graphomanie de Flaherty, pour le meilleur et pour le pire. Sans doute à cause de son arrivée tardive, j'ai eu beaucoup plus de mal à intégrer la femme qui tremble dans mon histoire personnelle mais, au fur et à mesure qu'elle me devient familière, elle passe de la troisième à la première personne, pour n'être plus un double détesté mais une partie de moi dont le handicap est admis.

Ce qu'est un "moi" demeure l'objet de controverses. Le neurologue Jaak Panksepp assure que les humains ont un moi fondamental que l'on peut situer dans le cerveau, un moi mammalien, hors langage mais essentiel à un état de conscience éveillée. La substance grise périaqueducale est une zone vraiment très petite du cerveau mais, lorsqu'elle est endommagée, la conscience éveillée disparaît avec elle[183]. Antonio Damasio, lui aussi, suppose un moi fondamental, bien qu'il diffère quelque peu de Panksepp quant à sa localisation exacte[184]. L'un et l'autre conviendraient que cet être fondamental n'est pas le moi autobiographique, pas la personne qui dit ou écrit "je me souviens".

Michael Gazzaniga, le spécialiste qui a travaillé avec des personnes atteintes de disconnexion calleuse et inventé la belle expression d'"interprète cérébral gauche", rameute des arguments en faveur d'une vision de soi qui passerait par une théorie de la sélection : “tout ce que nous faisons dans la vie, c’est découvrir ce qui a été construit dans notre cerveau[185].” Selon Gazzaniga, les influences environnementales qui s’exercent sur un individu opèrent une *sélection* entre des options qui sont déjà présentes. Cette idée apparemment inoffensive d’aptitude innée – nous ne volons pas, sinon en rêve ou en avion, parce que nous n’en sommes originellement pas capables – devient un rien glaçante lorsque la théorie est étendue au domaine social. Elle mène progressivement à d’autres notions : que les parents ont très peu d’influence sur les enfants (ceux-ci étant insensibles à l’éducation) et que les programmes sociaux destinés à aider les personnes en difficulté sont contre-productifs parce que ce dont les individus ont réellement besoin, c’est qu’on les renvoie au mode “survie”. Les personnes atteintes de cancers devraient être encouragées à lutter contre leur mal parce que le combat les aidera à vivre plus longtemps. Gazzaniga est l’un de ces savants qui, lorsqu’ils publient un livre destiné à un large public, ont pris le pli de cribler de leurs traits la conception de l’homme qui assimile celui-ci à une “ardoise vierge”.

Psychologue cognitiviste respecté, Stephen Pinker a écrit, sur sa discipline, plusieurs ouvrages de vulgarisation. Lui aussi s’en prend aux partisans de cette “métaphore[186]”. L’expression “ardoise vierge”, souvent attribuée à John Locke, suggère que les humains naissent avec l’esprit vacant et que c’est l’expérience qui les informe. Mais Locke ne désavouait pas les aptitudes innées de l'homme. Il s'élevait contre la théorie des idées innées émise par Descartes, selon laquelle il existe des vérités universelles avec lesquelles nous naissons tous, qui nous sont communes à tous. Quels que puissent être les défauts de sa philosophie, Locke esquisse, dans son *Essai sur l'entendement humain*, une conception de la vie progressive et interactive : il faut avoir eu l'expérience du rouge avant de savoir ce que c'est que le rouge. En vérité, il serait très difficile de trouver un partisan sérieux d'une théorie radicale de l'ardoise vierge, au même titre qu'on ne pourrait trouver un avocat sain d'esprit pour défendre un déterminisme biologique absolu. Même les constructionnistes les plus drastiques ne contestent pas les gènes. Même des gens qui affirment que le moi – ou, plutôt, le "sujet" – est une fiction fondée sur le langage, une invention sans cesse redéfinie selon les termes de l'idéologie dominante d'une époque historique donnée, ne croient pas les humains dépourvus d'une aptitude innée à la parole. Disons-le sans façon : ce dont il est question ici, c'est de primauté – celle qu'on accorde aux gènes sur l'expérience, ou à l'expérience sur les gènes.

Gazzaniga, Pinker et de nombreux autres croient, avec raison, qu'au sein des institutions universitaires certains penseurs ont insisté sur la malléabilité de l'espèce humaine à un point qui n'est pas justifié. Remarquable est néanmoins leur certitude que la recherche a, notamment, démontré que les parents n'exercent aucun effet sur leurs rejetons. Je les renverrais volontiers aux progrès de la recherche effectuée en laboratoire sur les mammifères, qui indique que les caractères génétiques sont modifiés par les facteurs environnementaux, amour maternel inclus[187]. Les idées ont tôt fait de devenir des convictions, et les convictions de devenir des projectiles dans des guerres idéologiques. Ce que nous sommes et de quoi nous sommes *faits* constitue assurément le champ de bataille de l'une de ces guerres. Durs et tendres ne cessent de se tirer les uns sur les autres. Peu avant la fin d'une conférence assortie d'une présentation PowerPoint à laquelle j'ai participé en février 2009, le neurologue Hans Breiter, de Harvard, se tourna vers l'image qui emplissait son écran : un grand rectangle bleu. Dans ce rectangle, un minuscule carré rouge. "Voilà tout ce que nous savons du cerveau", dit-il, se référant non pas à l'étendue bleue mais à la minuscule tache rouge. Ce que nous savons sert souvent d'excuse à d'interminables extrapolations, mais quelque chose me dit que, la plupart du temps, l'humilité intellectuelle nous emmène plus loin que l'arrogance.

Dans le bouddhisme, le moi est une illusion. Il n'y a pas de moi. Certains cognitivistes sont d'accord avec cette formulation. D'autres pas. Le modèle du moi présenté par Freud était dynamique, complexe, divisé en trois et provisoire. Il croyait réellement que la science allait développer ses idées, et c'est ce qu'elle a fait, quoique dans de nombreuses directions divergentes. Dans la théorie psychanalytique de la relation d'objet telle qu'elle s'est développée, le moi est aussi pluriel. Les images d'*autres* importants nous habitent à jamais. D. W. Winnicott aère davantage l'espace psychique que ne le faisait Freud, dont le modèle des structures mentales est plus confiné, plus susceptible de traiter de fantasmes et d'identifications que d'autres personnes réelles et d'expériences véritables. Winnicott pensait que nous avons tous un vrai moi, ainsi que plusieurs faux moi. Nos moi sociaux sont nécessairement faux sous certains aspects – le sourire poli et le "très bien, merci" répondant à "comment ça va ?"[188]. Je ne sais pas ce qu'est le moi. Il me paraît clair, quoi qu'il en soit, que sa définition relève tout autant d'un problème sémantique, une question de limites et de perception, que des éventuelles vérités psychologiques qu'il pourrait nous être donné de découvrir.

Je sens que j'en ai un – un moi – mais pourquoi ? S'agit-il de tout ce qui se trouve à l'intérieur des limites de mon corps ? Pas vraiment. Lorsque je tremblais, je n'avais pas l'impression que c'était *moi* qui tremblais. Voilà le problème. Quand est-elle advenue, cette absence de moi ? Je ne m'en souviens pas, mais je sais que le secret joue un rôle là-dedans. Il fut un temps où je croyais que ma mère pouvait me regarder dans les yeux et y voir ma culpabilité. Dans *Ce que savait Maisie*, Henry James identifie un sens nouveau qui a commencé à se manifester chez sa jeune héroïne :

> Les raides poupées, dans le demi-jour des étagères, commencèrent à remuer bras et jambes ; de vieilles

> formules, de vieux épisodes s'emplirent d'un sens qui l'effraya. Elle éprouva un sentiment nouveau, celui du danger, et une notion nouvelle crût en elle pour y faire échec, l'idée de la vie intérieure, ou, autrement dit, celle du secret[189].

Maisie découvre le lieu en nous où nous nous retirons, le lieu où nous nous cachons sans être vus des autres, le refuge que nous cherchons quand nous avons peur, le sombre sanctuaire qui rend possibles les mensonges mais aussi la rêverie, les songes, les mauvaises pensées et les intenses dialogues intérieurs. Il ne s'agit pas ici du moi fondamental biologique. Cela se produit à un moment de l'enfance à demi oublié. Cela n'arrive pas aux autres animaux ; cela requiert la compréhension d'une réalité double, du fait que le contenu verbal ou émotionnel d'une vie intérieure n'a pas à se laisser voir à l'extérieur. En d'autres termes, on doit être conscient de ce qu'on cache pour le cacher. Les très petits enfants expriment souvent leurs pensées à haute voix. A trois ans, ma fille jouait en gazouillant : "le petit cochon va aller se coucher tout seul. Ouh, là, il tombe du lit ! Faut te relever. Pleure pas, petit cochon." Mais, plus tard, le récit disparut. Sophie pouvait jouer pendant des heures en silence, absorbée mais sans mot dire. Son narrateur s'était intériorisé. Est-ce à ce moment qu'un tournant est pris ? Est-ce cette arène intérieure de réflexion et de jeu que nous sommes nombreux à identifier comme notre moi ? Est-ce ainsi que nous ressentons le *Cogito, ergo sum* de Descartes ?

Dans ses *Principes de psychologie*, le frère aîné de Henry James, William, développe une notion générale d'identité ou d'identités commençant avec le corps d'un individu, une identité matérielle, un *moi*, qui évolue alors vers l'extérieur pour englober une identité plus large – un *Mien*, qui comprend les vêtements, la famille, la maison et les biens d'un homme, ses succès et ses échecs. Il est à noter que James admet que certaines parties de notre corps sont plus intimes que d'autres, que l'essentiel de la conscience de soi – ce qu'il appelle *the Self of Selves (le Moi des Moi)* – a son siège "entre la tête et la gorge[190]", du cou vers le haut, non du cou vers le bas. A la lumière de cette identité fluctuante, James opère une distinction entre individu non sympathique et sympathique. Recourant au stoïcisme comme exemple du caractère non sympathique, il explique : "tous les gens étroits retranchent leur Moi, ils le retirent du domaine de ce qu'ils ne peuvent posséder en toute sécurité[191]." Les caractères sympathiques, en revanche, "procèdent de la manière tout à fait opposée, par expansion et inclusion. Les contours de leur identité deviennent souvent assez incertains, mais la diffusion de son contenu fait plus que compenser cela[192]." La conception qu'a James de l'identité est élastique – elle rétrécit et grandit selon la personnalité de l'individu et d'un moment à l'autre au cours d'une vie. Peut-être est-ce parce que les contours de mon identité sont passibles d'un certain flou que je penche vers le sympathique, que j'aime l'idée que nous accueillons le monde en nous et, en même temps, allons à lui, et que ce mouvement fait partie d'un sentiment de mon *moi* qui en englobe d'autres. Je ne suis pas toujours enfermée dans la cellule de mes pensées personnelles et cachées et, même quand je le suis, des parties importantes de mon monde sont enfermées avec moi – multitudes bavardes.

Nous ne pouvons découvrir "un univers figé d'objets indépendants de tout regard et de toute pensée", mais il existe un monde intersubjectif fait de langages, d'images et de raisonnements partagés, et aussi d'autres personnes, et je crois en effet à la possibilité d'une ouverture plus ou moins grande à ces mondes, à ces images et à ces personnes. Certains individus ont de petites personnalités dures et resserrées. D'autres sont plus ouverts. Certains sont ouverts au point de se noyer dans les autres, tels les malades mentaux qui confondent "je" et "vous". Il y a néanmoins des moments où je me retrouve perdue en vous. Et aussi des moments où je regarde une chose si intensément que je disparais. Le narrateur intérieur prend congé, me quitte pour quelque temps. Actions et mots ne cessent de confondre ce narrateur, non seulement sous la forme de mains étrangères et autonomes, de flash-back, de crises nerveuses et d'hallucinations visuelles ou auditives, mais aussi sous celle d'événements beaucoup plus banals. Je vois mes doigts s'avancer vers la coupe de chocolats avant de *savoir* qu'ils le font, ou bien un fragment de phrase ou de mélodie me vient en tête inopinément. Combien de fois n'ai-je pas rencontré quelqu'un et su aussitôt que quelque chose n'allait pas ? La communication verbale n'était pour rien dans cette compréhension. Avant d'être capable de me formuler le problème à moi-même, je le sens. Plus tard, je me demanderai peut-être si je ne pourrais avoir senti dans le corps de l'autre une raideur qui se serait alors communiquée au mien, ou l'avoir vu jeter un coup d'œil ailleurs, lequel aurait résonné dans ma poitrine ou se serait inscrit comme une tension autour de mes yeux ou un mouvement de recul involontaire. Synesthésie tactile-miroir ou non, je ne suis sûrement pas unique. Nous réagissons à ce qui se trouve au-delà de notre corps par une sensation qui est préréflexive, l'incarnation d'une signification. Cette sensation est consciente, assurément, mais il ne s'agit pas de la conscience d'être le "héros de sa propre vie". Je ne me regarde pas ressentir.

Les frontières de l'identité consciente sont mouvantes. C'est une question de propriété, de moi et de ce qui est à moi. Dans le service de neurologie, une patiente dont l'hémisphère droit est endommagé néglige son bras gauche pendant une semaine, prétendant qu'il appartient à son médecin. Celui-ci a beau lui dire qu'elle se trompe, que c'est son bras, à elle, elle ne le croit pas. Et puis, après quelque temps, elle finit par comprendre que ce membre lui appartient. Elle peut en reprendre possession, bien qu'une partie enfouie d'elle-même ait toujours su que ce bras était à elle, et qu'elle ne puisse remuer la pauvre chose. Qu'est-ce qui a changé ? A-t-elle soudain pris conscience de la vérité de sa paralysie ? Peut-elle dire : "je me rappelle maintenant que mon bras est inutile" ? Un jour, après huit longues années, Justine Etchevery arrive à recouvrer l'usage de ses bras et de ses jambes. Elle a envie de marcher, et elle marche. Elle retrouve la sensation du mouvement volontaire : *je peux marcher*. Qu'est-ce qui a provoqué ce miracle ? Une idée inconsciente qu'elle se faisait de sa paralysie s'est-elle soudain dissoute, idée que l'imagerie cérébrale nous permet désormais d'identifier comme une asymétrie disparue de son cerveau ? L'ancien combattant de la Première Guerre mondiale ne peut ni entendre ni voir jusqu'à ce qu'un jour son corps soit secoué de spasmes et il récupère l'ouïe et la parole. Il est capable de dire : "j'entends, je peux parler." Je ne sais pas s'il a pu alors se rappeler et raconter l'histoire de ce qui lui était arrivé dans la tranchée. Mais je sais que raconter ne suffit pas. Il faudrait qu'il ressente et reconnaisse pour sienne la signification de ce qui lui est arrivé, sans quoi elle serait dénuée de sens. Anna Freud fut la première à utiliser le mot *intellectualiser* pour décrire le fait de se servir d'idées verbales comme d'une forme de défense. Un patient parle du suicide de sa mère sur le mode d'une étude clinique de la dépression dont elle a souffert, et il le raconte sans sentiment ni affect, en une récitation calme et neutre qui devrait être reliée à l'émotion mais s'en est écartée. Il a, lui aussi, *la belle indifférence*. La perte bouleversante est maintenue à distance ; sa signification n'est pas reconnue, parce que la voir serait terrifiant. Et puis, après les va-et-vient de la psychothérapie, au cours desquels il réfléchit et se voit réfléchi dans le regard de son analyste, il perçoit un changement, une nouvelle configuration de sa conscience qui comprend à la fois savoir et ressentir. Il raconte à nouveau l'histoire et dans ce nouveau récit, qui est aussi une réinvention, il sent les courants sous-jacents et les rythmes de son corps vécu. Il s'approprie la perte déchirante grâce à un acte de mémoire créative ; elle s'intègre à son moi narrateur. Et des modifications neuronales se produisent en conséquence dans son cerveau, dans les systèmes limbiques émotionnels et dans les zones préfrontales exécutives. Il y a des moments où nous nous refusons tous à revendiquer ce qui devrait nous appartenir ; c'est chose étrangère, nous ne voulons pas l'inclure dans les histoires que nous tissons à propos de nous-mêmes.

Il est clair que le moi déborde largement le narrateur interne. Autour et au-dessous de l'île qu'est ce raconteur conscient de soi s'étend une vaste mer d'inconscient, de ce que nous ne savons pas, ne saurons jamais ou avons oublié. Il y a beaucoup en nous que nous ne contrôlons pas et qui ne dépend pas de notre volonté, mais cela ne signifie pas que le récit que nous nous faisons est sans importance. Dans le langage, nous représentons le passage du temps tel que nous le ressentons – ce qui *était*, ce qui *est*, ce qui *sera*. Nous abstrayons et nous pensons et nous racontons. Nous ordonnons nos souvenirs et établissons des liens entre eux, et ces fragments disparates appartiennent désormais à quelqu'un : le “je” de l'autobiographie, lequel n'est personne sans un “tu”. Pour qui racontons-nous, après tout ? Même si nous sommes seuls dans notre tête, il y a un autre présumé, la deuxième personne de notre discours. Une histoire peut-elle jamais être vraie ? Elle comportera toujours des trous, les manquements inexprimés de notre compréhension, que nous franchissons à l'aide d'un “et”, d'un “alors” ou d'un “plus tard”. Mais telle est la voie menant à la cohérence.

La cohérence ne peut éliminer l'ambiguïté, toutefois. L'ambiguïté n'est ni tout à fait une chose, ni tout à fait l'autre. Elle ne trouve pas sa place dans l'alvéole, le casier, la fenêtre, l'encyclopédie. C'est un objet dépourvu de forme ou un sentiment qu'on ne peut situer. L'ambiguïté demande : Où est la frontière entre ceci et cela ? L'ambiguïté n'obéit pas à la logique. Le logicien dit : Tolérer la contradiction, c'est être indifférent à la vérité. Ces philosophes-là aiment jouer à des jeux de vrai ou faux. C'est l'un ou l'autre, jamais les deux. Mais l'ambiguïté est intrinsèquement contradictoire et insoluble, étourdissante vérité de brouillards et de brumes, figure indiscernable, fantôme, souvenir ou rêve qui ne peut être enfermé ni retenu dans mes mains parce que toujours cela s'envole, et je ne puis dire ce que c'est ni même si c'est quelque chose. Je la traque à l'aide de mots malgré son refus de se laisser capturer et, une fois de temps en temps, j'imagine que je m'en approche. En mai 2006, je me suis levée sous un ciel bleu sans nuages et j'ai commencé à parler de mon père, qui était mort depuis plus de deux ans. Dès que j'ai ouvert la bouche, je me suis mise à trembler violemment. J'ai tremblé ce jour-là, et puis j'ai tremblé à nouveau d'autres fois. Je suis la femme qui tremble.

NOTES

1. Owsei Temkin, *The Falling Sickness : A History of Epilepsy from the Greeks to the Beginnings of Modern Neurology*, 2e éd. (Baltimore : Johns Hopkins Press, 1971), p. 36.

2. Frances Hill, *The Salem Witch Trials Reader* (New York : Da Capo Press, 2000), p. 59.

3. O. Temkin, *The Falling Sickness*, *op. cit.*, p. 194.

4. *Ibid.*, p. 225.

5. *Diagnostic and Statistical Manual of Mental Disorders*, 4e éd. (Arlington, VA : American Psychiatric Association, 2000), p. 492-498. Ci-après : *DSM-IV*.

6. *Ibid.*, p. 493.

7. Carl W. Basil, *Living Well with Epilepsy and Other Seizure Disorders* (New York : Harper Resource, 2004), p. 73.

8. J. Lindsay Allet et Rachel E. Allet, “Somatoform Disorders in Neurological Practice”, *Current Opinion in Psychiatry* 19 (2006), p. 413-420.

9. “Introduction”, *DSM-IV*, XXX.

10. Peter Rudnytsky, *Reading Psychoanalysis : Freud, Rank, Ferenczi, Groddeck* (Ithaca : Cornell University Press, 2002), p. 90.

11. Robert J. Campbell, *Campbell's Psychiatric Dictionary*, 8e éd. (Oxford : Oxford University Press, 2004), p. 189.

12. Sigmund Freud et Josef Breuer, *Etudes sur l'hystérie*, trad. de l'allemand par Anne Berman (PUF, “Bibliothèque de psychanalyse”, 1956), p. 67.

13. Sigmund Freud, *Contribution à la conception des aphasies, étude critique*, trad. de l'allemand par Claude Van Reeth (PUF, "Bibliothèque de psychanalyse", 1983), p. 105.
14. George Makari, *Revolution in Mind : The Creation of Psychoanalysis* (New York : HarperCollins, 2008), p. 70.
15. Sigmund Freud et Josef Breuer, *Etudes sur l'hystérie*, *op. cit.*, p. 127-128.
16. Christopher G. Goetz, Michel Bonduelle et Toby Gelfand, *Charcot : Constructing Neurology* (Oxford : Oxford University Press, 1995), p. 172-213.
17. Pierre Janet, *The Major Symptoms of Hysteria : Fifteen Lectures Given in the Medical School of Harvard University* (London : Macmillan, 1907), p. 324.
18. *Ibid.*, p. 332.
19. *Ibid.*, p. 325-326.
20. *Ibid.*, p. 42.
21. *Ibid.*, p. 38.
22. Eugene C. Toy et Debra Klamen, *Case Files : Psychiatry* (New York : McGraw-Hill, 2004), p. 401.
23. Todd Feinberg, *Altered Egos : How the Brain Creates the Self* (Oxford : Oxford University Press, 2001), p. 28.
24. Rita Charon, *Narrative Medicine : Honoring the Stories of Illness* (Oxford : Oxford University Press, 2006), p. 9.
25. J.-K. Zubieta *et al.*, "Placebo Effects Mediated by Endogenous Opioid Activity on μ-Opioid Receptors", *Journal of Neuroscience* 25 (2005), p. 7754-7762.
26. Erika Kinetz, "Is Hysteria Real ? Brain Images Say Yes" (*New York Times*, 26 sept. 2006).
27. Sean A. Spence, "All in the Mind ? The Neural Correlates of Unexplained Physical Symptoms", *Advances in Psychiatric Treatment* 12 (2006), p. 357.
28. C. G. Goetz, M. Bonduelle et T. Gelfand, *Charcot*, *op. cit.*, p. 192.
29. P. Vuilleumier *et al.*, "Functional Neuroanatomical Correlates of Hysterical Sensorimotor Loss", *Brain* 124, n° 6 (juin 2001), p. 1077.

30. Cité par C. G. Goetz, M. Bonduelle et T. Gelfand dans *Charcot, op. cit.*, p. 187.
31. Sigmund Freud et Josef Breuer, *Etudes sur l'hystérie, op. cit.*, p. 5.
32. Bertram G. Katzung (éd.), *Basic and Clinical Pharmacology*, 9e éd. (New York : Lange Medical Books/McGraw-Hill, 2004), p. 156.
33. James L. McGaugh, *Memory and Emotion : The Making of Lasting Memories* (New York : Columbia University Press, 2003), p. 93.
34. *Ibid.*, p. 107.
35. Cité par Daniel Brown, Alan W. Scheflin, D. Corydon Hammond dans *Memory, Trauma, Treatment and the Law* (New York : Norton, 1998), p. 95.
36. Françoise Davoine et Jean-Max Gaudillière, *Histoire et trauma : la folie des guerres* (Stock, "L'Autre pensée", 2006), p. 289.
37. Onno van der Hart, Ellert R. S. Nijenhuis et Kathy Steele, *The Haunted Self : Structural Dissociation and the Treatment of Chronic Trauma* (New York : Norton, 2006).
38. Ian Hacking, *L'Ame réécrite : étude sur la personnalité multiple et les sciences de la mémoire*, trad. de l'anglais (Canada) par Julie Brumberg-Chaumont et Bertrand Revol (Institut Synthélabo / Les Empêcheurs de penser en rond, 1998).
39. P. Janet, *The Major Symptoms of Hysteria, op. cit.*, p. 131.
40. *Ibid.*, p. 172.
41. Fédor Dostoïevski, *Le Double*, trad. du russe par André Markowicz (Actes Sud, Babel n° 345, 1998), p. 27.
42. Hans Christian Andersen, *L'Ombre*, in *L'Ombre et autres contes*, trad. du danois par Marc Auchet (Le Livre de Poche, 2001).
43. Klaus Podoll et Markus Dahlem, http://www.migraine-aura.org. Cf. également P. Brugger, M. Regard et T. Landis, "Illusory Replication of One's Own Body : Phenomenology and Classification of Autoscopic Phenomena", *Cognitive Neuropsychiatry* 2, n° 1 (1997), p. 19-38.

44. Todd Feinberg et Raymond M. Shapiro, "Misidentification-Reduplication and the Right Hemisphere", *Neuropsychiatry, Neuropsychology and Behavioral Neurology* 2, n° 1, p. 39-48.
45. T. Feinberg, *Altered Egos*, *op. cit.*, p. 74-75.
46. Jacques Lacan, *Le Stade du miroir comme formateur de la fonction du Je*, in *Ecrits* (Seuil, 1966).
47. Maurice Merleau-Ponty, *Les Relations avec autrui chez l'enfant* (Centre de documentation universitaire, Tournier & Constans, 1975).
48. Shaun Gallagher, *How the Body Shapes the Mind* (Oxford : Clarendon Press, 2005), p. 26.
49. Roger W. Sperry, "Some Effects of Disconnecting the Cerebral Hemispheres", *Bioscience Reports* 2, n° 5 (mai 1982), p. 267.
50. Dahlia W. Zaidel, "A View of the World from a Split-Brain Perspective", http://cogprints.org/920/0/critchelyf.pdf.
51. Cité par T. Feinberg dans *Altered Egos, op. cit.*, p. 94.
52. Mark Solms et Oliver Turnbull, *The Brain and the Inner World* (New York : Other Press, 2002), p. 82.
53. M. S. Gazzaniga, J. E. LeDoux et D. H. Wilson, "Language, Praxis, and the Right Hemisphere : Clues to Some Mechanisms of Consciousness", *Neurology* 27 (1977), p. 1144-1147.
54. A. R. Louria et F. I. Yudovich, *Speech and the Development of Mental Processes in the Child* (Harmondsworth, GB : Penguin, 1971).
55. Françoise Davoine et Jean-Max Gaudillière, *Histoire et trauma*, *op. cit.*
56. A. R. Louria, *Les Fonctions corticales supérieures de l'homme*, trad. du russe par Nina Heissler et Gabrielle Semenov-Ségur (PUF, "Psychologie d'aujourd'hui", 1985), p. 48.
57. Sigmund Freud, *Au-delà du principe de plaisir*, in *Œuvres complètes*, vol. XV (PUF, 1996).
58. Sigmund Freud et Josef Breuer, *Etudes sur l'hystérie*, *op. cit.*, p. 34.
59. *Ibid.*, p. 16.

60. Sigmund Freud, *Le Moi et le Ça*, in *Œuvres complètes*, vol. XVI (PUF, 1991), p. 264-266.
61. Charles Dickens, *David Copperfield*, trad. de l'anglais par Madeleine Rossel, André Parreaux et Lucien Guitard (Gallimard, Folio classique, 2010).
62. Joe Brainard, *I Remember, je me souviens*, trad. de l'anglais (Etats-Unis) par Marie Chaix (Actes Sud, Babel n° 519, 2002), p. 55-56. Joe Brainard est surtout connu en tant qu'artiste visuel. Il faisait partie du groupe d'écrivains et de peintres connu comme la New York School, qui comprenait John Ashbery, Fairfield Porter, Alex Katz, Kenward Elmslie, Frank O'Hara, James Schuyler, Kenneth Koch et Rudy Burkhardt. On peut voir ses œuvres au Museum of Modern Art ainsi qu'au Whitney Museum. Il est mort en 1994. *I Remember* a inspiré à l'écrivain français Georges Perec sa propre version de ce mécanisme générateur de souvenirs : *Je me souviens*.
63. Faraneh Vargha- Khadem, Elizabeth Isaacs et Mortimer Mishkin, "Agnosia, Alexia and a Remarkable form of Amnesia in an Adolescent Boy", *Brain* 117, n° 4 (1994), p. 683-703.
64. *Ibid.*, p. 698.
65. Charles D. Fox, *Psychopathology of Hysteria* (Boston : Gorham Press, 1913), p. 58.
66. A. R. Louria, *L'Homme dont le monde volait en éclats*, trad. du russe par Fabienne Mariengof et Nina Rausch de Traubenberg, avec la collaboration de Mme Chaverneff (Seuil, "La Couleur des idées", 1998), p. 119-120.
67. Cité par Elaine Showalter dans *Hystories : Hysterical Epidemics and Modern Culture* (Londres : Picador, 1998), p. 34.
68. Georges Didi-Huberman, *Invention de l'hystérie : Charcot et l'iconographie photographique de la Salpêtrière* (Macula, "Macula scènes", 2000).
69. Alan B. Ettinger et Andres M. Kanner, *Psychiatric Issues in Epilepsy : A Practical Guide to Diagnosis and Treatment*, 2e éd. (Philadelphie : Lippincott, Williams & Wilkins, 2007), p. 471-472.
70. DSM-IV, *op. cit.*, p. 494.

71. *Ibid.*, p. 496.

72. Les expériences de soldats atteints de troubles de conversion peuvent mettre en lumière l'une des raisons pour lesquelles les femmes seraient plus vulnérables à l'hystérie que les hommes en dehors de situations de combat. Si l'impuissance et le sentiment de ne pas jouer un rôle actif dans sa destinée ont un lien avec ce mal, il est logique que les femmes qui, traditionnellement, ont beaucoup moins d'autonomie que les hommes, soient nombreuses à en souffrir. De même, on retrouve fréquemment dans de nombreux ouvrages de référence, le *DSM* inclus, la conjecture selon laquelle on rencontre plus de cas d'hystérie chez des gens peu éduqués appartenant à des sociétés en voie de développement, ce qui pourrait être une autre façon de dire que des gens qui ont l'impression que leur volonté est contrariée par des forces qu'ils ne contrôlent pas peuvent être plus susceptibles de succomber à une conversion.

73. C. S. Myers, *Shellshock in France 1914-1918* (Cambridge : Cambridge University Press, 1940), p. 42-43.

74. Edwin A. Weinstein, "Conversion Disorders", http://www.bordeninstitute.army.mil/published_volumes/war_psychiatry/WarPsychChapter15.pdf, 385.

75. R. J. Heruti *et al.*, "Conversion Motor Paralysis Disorder : Analysis of 34 Consecutive Referrals", *Spinal Cord* 40, n° 7 (juillet 2002), p. 335-340.

76. DSM-IV, *op. cit.*, p. 467.

77. Trevor H. Hurwitz et James W. Pritchard, "Conversion Disorder and fMRI", *Neurology* 67 (2006), p. 1914-1915.

78. C. G. Goetz, M. Bonduelle et T. Gelfand, *Charcot, op. cit.*, p. 178-179.

79. K. M. Yazici et L. Kostakoglu, "Cerebral Blood Flow Changes in Patients with Conversion Disorder", *Psychiatry Research : Neuroimaging* 83, n° 3 (1998), p. 166.

80. P. Vuilleumier *et al.*, "Functional Neuroanatomical Correlates", p. 1082.

81. D. W. Winnicott, *Home Is Where We Start From : Essays by a Psychoanalyst* (New York : Norton, 1986), p. 32.

82. P. Vuilleumier *et al.*, "Functional Neuroanatomical Correlates", *op. cit.*, p. 1082.

83. S. Gallagher, *How the Body Shapes the Mind*, *op. cit.*, p. 41.

84. Karen Kaplan-Solms et Mark Solms, *Clinical Studies in Neuro-Psychoanalysis : Introduction to a Depth Neuropsychology* (New York : Karnac, 2002), p. 151-152.

85. *Ibid.*, p. 190-191.

86. *Ibid.*, p. 177.

87. Benjamin Libet, "Do We Have Free Will ?", *Journal of Consciousness Studies* 6, n° 8-9 (1999), p. 47-57.

88. Julien Offray de La Mettrie et Jules Assézat, *L'Homme-Machine* (BiblioBazaar, 2009).

89. Jaak Panksepp, *Affective Neuroscience : The Foundations of Human and Animal Emotions* (Oxford : Oxford University Press, 1998), p. 52.

90. Antonio R. Damasio, *L'Erreur de Descartes : la raison des émotions* (Odile Jacob, "Sciences", 2e éd., 2006).

91. William James, *La Volonté de croire*, trad. de l'anglais (Etats-Unis) par Loÿs Moulin (Les Empêcheurs de penser en rond, "Grande", 2005).

92. Edmund Husserl, *Idées directrices pour une phénoménologie*, trad. de l'allemand par Paul Ricœur (Gallimard, "Bibliothèque de philosophie", 1950 et *Tel* n° 94, 1985). J'ai simplifié Husserl. Nous avons tous à la fois un *Körper*, sentiment de notre identité matérielle, et un *Leib*, conscience intime d'être en vie, mais cette distinction est suffisante ici pour appuyer mon propos. Il semble évident, toutefois, que dans la maladie le corps devient davantage un objet. On prend conscience de sa réalité non seulement en tant que *Leib* mais aussi en tant que *Körper*.

93. D. W. Winnicott, *Jeu et réalité*, trad. de l'anglais par Claude Monod et J.-B. Pontalis (Gallimard, "Connaissance de l'inconscient", 1975 et Folio essais n° 398, 2002).

94. *Ibid.*

95. *Ibid.*

96. Cité par Allan Schore dans *Affect Regulation and the Origin of the Self : The Neurobiology of Emotional Development* (Hillsdale, NJ : Lawrence Erlbaum, 1994), p. 76.
97. *Ibid.*, p. 91.
98. S. Gallagher, *How the Body Shapes the Mind*, *op. cit.*, p. 73. Gallagher subit fortement l'influence de Merleau-Ponty, lequel, à son tour, était influencé par Husserl. Husserl soutient que nous possédons une conscience subjective de notre liberté de mouvement, mais que "les apparitions qui se présentent sont préfigurées. Les apparitions constituent des systèmes dépendants. C'est seulement dans leur dépendance de la kinesthésie qu'elles peuvent continuellement passer de l'une à l'autre et constituer une unité de sens." Le conscient est lié à une inconscience kinésique/motrice corporelle. Cf. "Horizons and the Genesis of Perception" in *The Essential Husserl : Basic Writings in Transcendental Phenomenology*, Donn Welton (éd.) (Bloomington : Indiana University Press, 1999), p. 227-228.
99. V. Gallese, L. Fadiga, L. Fogassi et G. Rizzolatti, "Action Recognition in the Premotor Cortex", *Brain* 119 (1996), p. 593-609. Les recherches incessantes de Gallese dans le domaine de la neurobiologie de l'intersubjectivité ont un caractère interdisciplinaire, relevant de la psychologie et de la philosophie ainsi que de la science. Pour une discussion éclairante de son opinion selon laquelle l'intersubjectivité est d'abord une réalité pré-rationnelle et incarnée, également appelée intercorporalité, cf. Vittorio Gallese, "The Two Sides of Mimesis : Girard's Mimetic Theory, Embodied Simulation and Social Identification", *Journal of Consciousness Studies* 16, n° 4 (2009), p. 21-44.
100. G. W. F. Hegel, *Phénoménologie de l'esprit*, trad. de l'allemand par Bernard Bourgeois (Vrin, "Bibliothèque des textes philosophiques", 2006), p. 201.
101. Maurice Merleau-Ponty, dans *Les Relations avec autrui chez l'enfant*, *op. cit.*, p. 56.
102. M.-A. Sechehaye, *Journal d'une schizophrène. Auto-observation d'une schizophrène pendant le traitement psychothérapique* (PUF, 1950, 7e édition : 1978), p. 35.

103. Georg Groddeck cité par J. Laplanche et J. B. Pontalis dans *Le Vocabulaire de la psychanalyse* (PUF, "Quadrige dicos poche", 2007), p. 58, note (g).
104. Extrait de *La Mort d'Ivan Ilitch*, de Tolstoï, in *Les Œuvres littéraires de Tolstoï*, vol. XI (Lausanne : Rencontre, 1961), p. 80-81.
105. *Ibid.*, p. 83.
106. Albert le Grand, "Commentary on Aristotle", "On Memory and Recollection", *The Medieval Craft of Memory : An Anthology of Texts and Pictures*, Mary Carruthers et Jan M. Ziolkowski (éd.) (Philadelphie : University of Pennsylvania Press, 2002), p. 153-188.
107. A. R. Louria, *Une prodigieuse mémoire*, in *L'homme dont le monde volait en éclats*, *op. cit.*, p. 215-216.
108. Cité dans *Blue Cats and Chartreuse Kittens : How Synesthetes Color Their World*, de Patricia Lynne Duffy (New York : Henry Holt, 2001), p. 22.
109. Arthur Rimbaud, *Voyelles*, in *Poésies* (Le Livre de Poche, "Classique", 1972), p. 126-127.
110. A. R. Louria, *Une prodigieuse mémoire*, *op. cit.*, p. 215.
111. Jorge Luis Borges, *Funes ou la Mémoire*, in *Fictions*, trad. de l'espagnol par Nestor Ibarra et Paul Verdevoye (Gallimard, Folio n° 614, 1983), p. 117-118.
112. A. R. Louria, *Une prodigieuse mémoire*, *op. cit.*, p. 300.
113. *Ibid.*, p. 300-301.
114. Freud a utilisé le mot *Nachträglichkeit*, "action différée", dans la totalité de ses écrits à partir d'une lettre à son ami Fliess datée de 1896. Pour une explication claire de ce terme complexe et de la raison pour laquelle "action différée" n'en est peut-être pas la meilleure traduction, cf. J. Laplanche et J. B. Pontalis, *Le Vocabulaire de la psychanalyse*, *op. cit.*, p. 36.
115. Joseph LeDoux, *Synaptic Self : How Our Brains Become Who We Are* (New York : Penguin, 2002), p. 124.
116. Demis Hassabis, Dharshan Kumaran, Seralynne D. Vann et Eleanor Maguire, "Patients with Hippocampal Amnesia

Cannot Imagine New Experiences", *Proceedings of the National Academy of Sciences* 104 (2007), p. 1726-1731.
117. J. LeDoux, *Synaptic Self, op. cit.*, p. 217.
118. Francis Crick, *L'Hypothèse stupéfiante. A la recherche scientifique de l'âme*, trad. de l'anglais par Hélène Prouteau (Plon, 1995), p. 17.
119. J. LeDoux, *Synaptic Self, op. cit.*, p. 94.
120. S. J. Blakemore, D. Bristow, G. Bird, C. Frith et J. Ward, "Somatosensory Activations Following the Observation of Touch and a Case of Vision Touch Synesthesia", *Brain* 128 (2005), p. 1571-1583 ; et Michael J. Banissy et Jamie Ward, "Mirror Touch Synesthesia Is Linked to Empathy", *Nature Neuroscience* 10 (2007), p. 815-816.
121. A. R. Louria, *Une prodigieuse mémoire, op. cit.*
122. P. Duffy, *Blue Cats, op. cit.*, p. 33.
123. Cf. Peter Brugger, "Reflective Mirrors : Perspective-Taking in Autoscopic Phenomenon", *Cognitive Neuropsychiatry* 7 (2002), p. 188.
124. K. Hitomi, "«Transitional Subject» in Two Cases of Psychotherapy of Schizophrenia", *Schweizer Archiv für Neurologie und Psychiatrie* 153, n° 1 (2002), p. 39-41.
125. *Ibid.*, p. 40.
126. D. W. Winnicott, *Jeu et réalité, op. cit.*
127. S. Freud, "Deuil et mélancolie", *Métapsychologie*, in *Œuvres complètes*, vol. XIII (PUF, 2005).
128. Après avoir lu le manuscrit de ce livre, l'un de mes amis, qui est aussi psychanalyste, m'a fait remarquer que l'expression "avoir une boule dans la gorge" signifie qu'on est triste.
129. Theodore Roethke, "Silence", *Collected Poems* (New York : Doubleday, 1966).
130. Sigmund Freud, *L'Interprétation du rêve*, in *Œuvres complètes*, vol. IV (PUF, 2003), p. 321.
131. Cité par Mark Solms dans "Dreaming and REM Sleep Are Controlled by Different Brain Mechanisms", *Sleep and Dreaming : Scientific Advances and Reconsiderations* (Cambridge : Cambridge University Press, 2003), p. 52.

132. J. Allan Hobson, *Dreaming : An Introduction to the Science of Sleep* (Oxford : Oxford University Press, 2002), p. 155-156.
133. Antti Revonsuo, "The Reinterpretation of Dreams : An Evolutionary Hypothesis of the Function of Dreaming", *Sleep and Dreaming, op. cit.*, p. 89.
134. *Ibid.*, p. 94.
135. M. Solms, *Sleep and Dreaming, op. cit.*, p. 56.
136. *Dream Debate : Hobson vs. Solms – Should Freud's Dream Theory Be Abandoned ?* (DVD, NetiNeti Media, 2006). Pour une autre thèse en désaccord tant avec Hobson qu'avec Solms, cf. G. W. Domhoff, "Refocusing the Neurocognitive Approach to Dreams : A Critique of the Hobson Versus Solms Debate", *Dreaming* 15 (2005), p. 3-20.
137. William James, *Le Pragmatisme* (Flammarion, "Champs essais", 2007).
138. Pour une brève réflexion sur la couleur en tant que phénomène préréflexif, cf. Kym Maclaren, "Embodied Perceptions of Others as a Condition of Selfhood", *Journal of Consciousness Studies* 15, n° 8 (2008), p. 75.
139. L'histoire de Mary a été racontée à de nombreuses reprises dans toutes sortes de journaux, livres et conférences. Pour une argumentation contredisant l'histoire de Mary en tant que preuve des *qualia*, cf. Daniel Dennett, *Consciousness Explained* (Boston : Little, Brown, 1991), p. 398-401.
140. On trouvera l'interview de Ned Block dans *Conversations on Consciousness*, de Susan Blakemore (Oxford : Oxford University Press, 2005), p. 24-35.
141. L'article de Peter Carruthers, publié dans le *Journal of Philosophy*, m'a été envoyé par le philosophe "sympathisant" Ned Block dont j'avais écouté en février 2009 la conférence sur les théories de la conscience au New York Psychoanalytic Institute, à New York. "Brute Experience", *Journal of Philosophy* 86 (1989), p. 258-269.
142. Ludwig Wittgenstein, *Tractatus logico-philosophicus*, in *Tractatus logico-philosophicus* suivi d'*Investigations*

philosophiques, trad. de l'allemand par Pierre Klossowski (Gallimard, *Tel* n° 109, 1986), p. 106-107.

143. Simone de Beauvoir, ("La *Phénoménologie de la perception* de Maurice Merleau-Ponty", in *Les Temps modernes* n° 1 (novembre 1945), p. 363-367.

144. Pour une bonne introduction aux idées de Patricia Churchland à propos de l'esprit, ainsi qu'à celles de plusieurs autres neurologues et philosophes éminents, cf. S. Blakemore, *Conversations on Consciousness*, *op. cit.*

145. Francisco J. Varela, Evan Thompson et Eleanor Rosch, *The Embodied Mind : Cognitive Science and the Human Experience* (Cambridge, MA : MIT Press, 1993).

146. Le physicien Erwin Schrodinger propose sa conception de la conscience, inspirée des *Upanishad* et de Schopenhauer, dans un petit livre remarquable, bien que négligé, qui fut publié après sa mort : Erwin Schrodinger, *My View of the World*, trad. de l'allemand par Cecily Hastings (Woodbridge, Conn. : Ox Bow Press, 1983). A la page 88, il décrit les couleurs qu'il associe aux voyelles, en parlant de sa synesthésie comme d'un phénomène banal : "pour moi, elles sont : a–brun moyen pâle, e–blanc, i–un bleu vif et intense, o–noir, u–brun chocolat."

147. Jan-Markus Schwindt, "Mind as Hardware and Matter as Software", *Journal of Consciousness Studies* 15, n° 4 (2008), p. 22-23.

148. George Berkeley, *The Principles of Human Knowledge*, 1re partie, *Berkeley's Philosophical Writings*, David M. Armstrong (éd.) (New York : Collier, 1965), p. 63.

149. J.-M. Schwindt, "Mind as Hardware", *op. cit.*, p. 25.

150. Imants Baruss, "Beliefs About Consciousness and Reality", *Journal of Consciousness Studies* 15, n° 10-11 (2008), p. 287.

151. D. Berman et W. Lyons, "J. B. Watson's Rejection of Mental Images", *Journal of Consciousness Studies* 14, n° 11 (2007), p. 24.

152. Steven C. Schachter, Gregory Holmes et Dorothée G. A. Kasteleijn-Nolst Trenité, *Behavioral Aspects of Epilepsy : Principles and Practice* (New York : Demos, 2008), p. 471.

153. *Ibid.*, p. 472.
154. Oliver Sacks, *Migraine : diagnostic, causes, traitements* (Seuil, "Guides pratiques", éd. revue et augmentée, 1996).
155. *Ibid.*
156. Alan B. Ettinger et Andres M. Kanner, *Psychiatric Issues in Epilepsy : A Practical Guide to Diagnosis and Treatment*, 2e éd. (Philadelphie : Lippincott, Williams & Wilkens, 2007), p. 286-288.
157. S. C. Schachter, G. Holmes et D. G. A. Kasteleijn-Nolst Trenité, *Behavioral Aspects of Epilepsy*, *op. cit.*, p. 210.
158. Steve Connor, "«God Spot» Is Found in Brain", *Los Angeles Times*, 29 octobre 1997 ; et "Doubt Cast over Brain God Spot", BBC *News*, 30 août 2006. Deux études consacrées à la religion et au cerveau ont fortement attiré l'attention des médias. La première, menée en 1997 à l'université de Californie, à San Diego (par V. S. Ramachandran *et al.*), prit pour sujets des gens atteints d'épilepsie du lobe temporal, des gens qui admettaient être très religieux et des "témoins" normaux. Les savants testèrent la réponse électrodermale (en anglais : *galvanic skin response*, GSR) de leurs sujets, et trouvèrent de fortes réactions émotionnelles aux mots religieux chez les épileptiques et les religieux, mais pas chez les témoins. Ramachandran se posa la question de savoir si l'activité du lobe temporal ainsi que limbique entraîne une plus grande religiosité. Cf. V. S. Ramachandran et Sandra Blakeslee, *Phantoms in the Brain : Probing the Mysteries of the Human Mind* (New York : William Morrow, 1997), p. 174-198.
La seconde étude, réalisée au Canada par Mario Beauregard, soumit quinze nonnes carmélites à IRMf et ne trouva aucune localisation de ce type : "Les expériences mystiques sont activées par différentes régions du cerveau." Ce que les chercheurs découvrirent, cependant, c'est qu'une "activation temporale médiane droite était en relation avec une expérience subjective de contact avec une réalité spirituelle". Cf. M. Beauregard et V. Paquette, "Neural Correlates of Mystical Experiences in Carmelite Nuns", *Neuroscience Letters* 405 (2006),

p. 186-190. Il n'est que juste de faire remarquer que les savants concernés sont plus circonspects en ce qui concerne leurs découvertes que les journalistes qui en rendent compte. Néanmoins, la confusion philosophique règne souvent. Michael A. Persinger a beaucoup travaillé dans le domaine de l'expérience mystique et de l'activation du lobe temporal, mais il lie aussi ces expériences transcendantes aux toutes premières relations enfant-parents. Cf. son ouvrage *Neuropsychological Bases of God Beliefs* (New York : Praeger Publishers, 1987).

159. Sigmund Freud, *Malaise dans la civilisation*, trad. de l'allemand par Ch. et J. Odier (PUF, 1971), p. 6.

160. S. G. Waxman et N. Geschwind, "The Interictal Behavior Syndrome in Temporal Lobe Epilepsy", *Archives of General Psychiatry* 32 (1975), p. 1580-1586.

161. On trouve dans de nombreux ouvrages des diagnostics spéculatifs de personnages célèbres. Cf. J. Bogousslavsky et F. Boller (éd.), *Neurological Disorders in Famous Artists*, vol. XIX (Lausanne : Karger, 2005) ; et Frank Clifford Rose (éd.), *Neurology of the Arts : Painting, Music, Literature* (Londres : Imperial College Press, 2004). Pour une identification assez libre d'innombrables célébrités du passé récent et lointain comme étant atteintes d'épilepsie du lobe temporal, cf. Eve LaPlante, *Seized : Temporal Lobe Epilepsy as a Medical, Historical, and Artistic Phenomenon* (Lincoln, NE : Authors Guild Backinprint.com, 1993).

162. Gershom Scholem, *Les Grands Courants de la mystique juive* (Payot, "Grande bibliothèque", 2002).

163. William James, *Les Formes multiples de l'expérience religieuse, essai de psychologie descriptive*, trad. de l'anglais (Etats-Unis) par Frank Abauzit (Exergue, 2001), p. 55-56.

164. Fédor Dostoïevski, *L'idiot*, tome I, trad. du russe par André Markowicz (Actes Sud, Babel n° 71, 2001), p. 375.

165. Saint Augustin, *Les Confessions* (Gallimard, "Bibliothèque de la Pléiade", 1998).

166. Julian Jaynes, *La Naissance de la conscience dans l'effondrement de l'esprit* (PUF, "Questions", 1994).

167. Marcel Kuijsten (éd.), *Reflections on the Dawn of Consciousness : Julian Jaynes's Bicameral Mind Theory Revisited* (Henderson, NV : Julian Jaynes Society, 2006), p. 119-121.
168. A. Schore, *Affect Regulation, op. cit.*, p. 488.
169. Cité dans "Language in the Right Cerebral Hemisphere : Contributions from Reading Studies", de Kristen I. Taylor et Marianne Regard, *News in Physiological Sciences* 18, n° 6 (2003), p. 258.
170. Julia Kane, "Poetry as Right-Hemispheric Language", *Journal of Consciousness Studies* 11, n° 5-6 (2004), p. 21-59.
171. Daniel Smith, *Muses, Madmen and Prophets : Rethinking the History, Science, and Meaning of Auditory Hallucinations* (New York : Penguin, 2007), p. 136-140.
172. Simone Weil, *La Pesanteur et la Grâce* (Pocket, 2007), p. 48.
173. Patrick Wall, *Pain : The Science of Suffering* (New York : Columbia University Press, 2000), p. 63.
174. Ludwig Wittgenstein, *Investigations philosophiques*, in *Tractatus logico-philosophicus* suivi d'*Investigations philosophiques*, *op. cit.*, § 304, p. 225-226.
175. Selon une source, quelque trois mille études ont été réalisées à propos de l'efficacité relative de la psychothérapie et des médications en cas de dépression clinique. Les premières recherches ouvrant la voie à des enquêtes successives, réalisées par le National Institute of Mental Health's Treatment of Depression Collaborative Research Program (Elkin *et al.*, 1985, 1989 ; Weisman *et al.*, 1986), démontrèrent que diverses espèces de thérapies psychologiques étaient aussi efficaces pour le traitement de la dépression que les antidépresseurs. Cette constatation a été corroborée depuis par de nombreuses études, particulièrement dans des cas de dépression légère et modérée. Dans l'une d'elles, les auteurs ont constaté une amélioration considérable dans des cas de dépression traités soit par médication soit par psychothérapie, mais ils ont également conclu de leurs recherches que la combinaison des antidépresseurs avec la psychothérapie donnait de meilleurs résultats que l'un

ou l'autre séparément et entraînait moins d'hospitalisations ainsi qu'un meilleur ajustement au travail chez les patients. Cf. Burnand *et al.*, "Psychodynamic Psychotherapy and Clomipramine in the Treatment of Major Depression", *Psychiatric Services* 53, n° 5 (2002), p. 585-590. Au sujet de recherches plus récentes comparant la psychothérapie et la médication, cf. Cuijpers *et al.*, "Are Psychological and Pharmacological Interventions Equally Effective in the Treatment of Adult Depressive Disorders ? A Meta-Analysis of Comparative Studies", *Journal of Clinical Psychiatry* 69, n° 11 (2008), p. 1675-1685. On note également une augmentation de la recherche sur les modifications neurobiologiques induites par la psychothérapie. Cf. Elkin *et al.*, "Toward a Neurobiology of Psychotherapy", *Journal of Neuropsychiatry and Clinical Neurosciences* 17 (2005), p. 145-158 ; ainsi que Henn *et al.*, "Psychotherapy and Antidepressant Treatment : Evidence for Similar Neurobiological Mechanisms", *World Psychiatry* 1, n° 2 (2002).

176. Maurice Merleau-Ponty, *Les Relations avec autrui chez l'enfant*, *op. cit.*

177. Mary Douglas, *De la souillure, essai sur les notions de pollution et de tabou*, trad. de l'anglais par Anne Guérin (La Découverte, 1992, 1re éd. 1971).

178. Ian Hacking, *Entre science et réalité, la construction sociale de quoi ?*, trad. de l'anglais par Baudoin Jurdant (La Découverte, 2008), p. 53.

179. Pour une bonne introduction à Jürgen Habermas, cf. *Le Discours philosophique de la modernité*, trad. de l'allemand par Christian Bouchindhomme et Rainer Rochlitz (Gallimard, "Bibliothèque de philosophie", 1988). Habermas ne croit pas que nous puissions sortir de nos propres têtes et devenir des observateurs objectifs du monde qui nous entoure. Il croit en la raison et en un discours raisonnable comme moyens d'arriver à un consensus. Sa conception de la science et de la technologie est complexe. Il soutient que les humains peuvent appliquer ce qu'il appelle un "intérêt cognitif technique", des règles techniques de compréhension dont l'usage étend la maîtrise de

l'homme sur la nature. Cf. Jürgen Habermas, *Théorie et pratique*, trad. de l'allemand par Gérard Raule (Payot, "Critique de la politique", 2006).

180. G. Alacón *et al.*, "Is It Worth Pursuing Surgery for Epilepsy in Patients with Normal Neuroimaging ?", *Journal of Neurology, Neurosurgery, and Psychiatry*, 77 (2006), p. 474-480.

181. Oliver Sacks, *L'homme qui prenait sa femme pour un chapeau*, trad. de l'anglais (Etats-Unis) par Edith de La Héronnière (Seuil, "Points essais", 1992).

182. Alice W. Flaherty, *The Midnight Disease : The Drive to Write, Writer's Block, and the Creative Brain* (Boston : Houghton Mifflin, 2004), p. 234.

183. J. Panksepp, *Affective Neuroscience*, *op. cit.*, p. 311-313.

184. Antonio R. Damasio, *Le Sentiment même de soi : corps, émotions, conscience*, trad. de l'anglais (Etats-Unis) par Claudine Tiercelin et Claire Larsonneur (Odile Jacob, "Sciences", 1999).

185. Michael S. Gazzaniga, *Nature's Mind : The Biological Roots of Thinking, Emotions, Sexuality, Language and Intelligence* (New York : Basic Books, 1992), p. 2.

186. Stephen Pinker, *The Blank Slate : The Modern Denial of Human Nature* (New York : Viking, 2002).

187. Pour une discussion intelligente de l'opposition "inné/appris", cf. les observations de LeDoux sur le sujet dans *Synaptic Self*, *op. cit.*, p. 82-93. Il existe un vaste corpus de littérature scientifique consacré aux effets sur l'enfant de l'allaitement maternel, ainsi que de la séparation d'avec la mère, que Pinker ne cite pas. Les sujets de ces études vont des rats et souris aux primates et aux êtres humains. Quatre-vingt-deux articles de chercheurs dans des disciplines variées mais en rapport les unes avec les autres ont été rassemblés par John T. Cacioppo *et al.* dans *Foundations in Social Neuroscience* (Cambridge, MA : MIT Press, 2002). Le recueil comprend des études neurobiologiques de rats spécifiquement centrées sur la question de la génétique et de l'interaction environnementale : Liu *et al.*, "Maternal Care, Hippocampal Glucocortoid

Receptors, and Hypothalamic-Pituitary-Andrenal Response to Stress" ; ainsi que Francis *et al.*, "Nongenomic Transmission Across Generations of Maternal Behavior and Stress Response in the Rat". Cf. également dans *Affective Neuroscience, op. cit.*, de Jaak Panksepp, ses travaux sur les systèmes cérébraux des liens sociaux et des détresses provoquées par la séparation. Il existe une littérature en pleine expansion sur l'attachement du nouveau-né et de l'enfant, domaine où John Bowlby fut un pionnier avec son chef-d'œuvre en trois volumes : *Attachement et perte*, trad. de l'anglais par J. Kalmanovitch, B. de Panafieu et D. Weil (PUF, "Le fil rouge", 2002, 2006 et 2007).
188. D. W. Winnicott, *Processus de maturation chez l'enfant, développement affectif et environnement*, trad. de l'anglais par Jeannine Kalmanovitch (Payot, "Sciences de l'homme", 1989).
189. Henry James, *Ce que savait Maisie*, trad. de l'anglais par Marguerite Yourcenar (Robert Laffont, "Pavillons", 1947), p. 27-28.
190. William James, *The Principles of Psychology* (1892 ; repr., Chicago : Encyclopaedia Britannica, 1952), p. 194.
191. *Ibid.*, p. 201.
192. *Ibid.*, p. 202.

REMERCIEMENTS

A l'origine de ce livre, il y a une communication que j'ai prononcée au New York Presbyterian Hospital dans le cadre d'une série de conférences placées sous l'égide du Programme de médecine narrative de l'université de Columbia. Rita Charon, directrice de ce programme, m'avait invitée à y prendre la parole. Le généreux enthousiasme dont elle a fait preuve quant au propos qui était le mien a joué pour ce livre le rôle d'un véritable catalyseur. Aujourd'hui dispersé, le groupe de discussion de neuropsychanalyse placé sous l'autorité de Jaak Panksepp et du regretté Mortimer Ostow, dont j'ai fait partie pendant deux ans, m'a non seulement introduite au vaste domaine de la recherche neuroscientifique, mais encore permis d'assister (et, parfois, de participer) aux débats complexes qui entourent l'intégration de deux disciplines dotées de vocabulaires radicalement différents. Les conférences de neurosciences, organisées par la Neuropsychoanalysis Foundation au New York Psychoananalytic Institute, ont été pour moi d'une importance capitale en ce qu'elles m'ont aidée à mieux comprendre et inspirée dans le choix de mes lectures. Je tiens à remercier Dahelia Beverle, sous la responsabilité de laquelle j'ai donné, à titre bénévole, des cours d'écriture aux patients hospitalisés à la Payne Whitney Psychiatric Clinic de New York. Les participants à ces cours m'ont apporté sur les significations personnelles de leurs pathologies des lumières inappréciables, sans lesquelles je n'aurais pu écrire ce livre. Je remercie Mark Solms, George Makari et Asti Hustvedt, lecteurs et commentateurs attentifs du manuscrit de *La Femme qui tremble* et, enfin, mon époux, Paul Auster, non seulement pour la lecture qu'il a faite de ce texte, mais aussi pour sa patience. Des années durant, il a toléré avec bienveillance mon immersion passionnée dans la problématique cerveau/esprit et m'a entendue réfléchir à haute voix (parfois pendant des heures) à un grand nombre des questions abordées dans ce livre.

TABLE

L'éditeur et la traductrice remercient le Dr Nathalie Tzourio-Mazoyer qui a bien voulu contrôler l'exactitude des termes utilisés.

BABEL

Extrait du catalogue

1129. AHMED KALOUAZ
Avec tes mains

1130. FABIENNE JUHEL
A l'angle du renard

1131. W. G. SEBALD
Vertiges

1132. ANNE ENRIGHT
Retrouvailles

1133. HODA BARAKAT
Mon maître, mon amour

1134. MOUSTAFA KHALIFÉ
La Coquille

1135. JEREMY RIFKIN
Une nouvelle conscience pour un monde en crise

1136. PRALINE GAY-PARA
Récits de mon île
(à paraître)

1137. KATARINA MAZETTI
Le Caveau de famille

1138. JÉRÔME FERRARI
Balco Atlantico

1139. EMMANUEL DONGALA
Photo de groupe au bord du fleuve

1140. INTERNATIONALE DE L'IMAGINAIRE N° 27
Le patrimoine, oui, mais quel patrimoine ?

1141. KATHRYN STOCKETT
La Couleur des sentiments

1142. MAHASWETA DEVI
Indiennes

1143. YI MUNYŎL
L'Ile anonyme

1144. CH'OE INHUN
La Place

1145. YI CH'ŎNGJUN
L'Ile d'Io

1146. CHO SEHUI
Le Nain

1147. CAMILLA GIBB
Le Miel d'Harar

1148. MARIE-SABINE ROGER
La Théorie du chien perché

1149. MARIA ERNESTAM
Les Oreilles de Buster

1150. KHALIL GIBRAN
Les Esprits rebelles

Achevé d'imprimer en février 2018 par Normandie Roto Impression s.a.s. 61250 Lonrai sur papier fabriqué à partir de bois provenant de forêts gérées durablement pour le compte d'ACTES SUD, Le Méjan, Place Nina-Berberova, 13200 Arles.
Dépôt légal 1re édition : janvier 2013.
N° impr. : 1800429
(Imprimé en France)